晚清海防与海权思想论略

何新华 ◎ 著

A Study of the Thought of
Coast Defence and Sea Power
in the Late Qing Dynasty

中国社会科学出版社

图书在版编目(CIP)数据

晚清海防与海权思想论略／何新华著.—北京：中国社会科学出版社，2018.7
ISBN 978-7-5203-2717-6

Ⅰ.①晚… Ⅱ.①何… Ⅲ.①海防—军事史—研究—中国—清后期 Ⅳ.①E295.2

中国版本图书馆 CIP 数据核字（2018）第 140683 号

出 版 人	赵剑英
责任编辑	徐沐熙
责任校对	李　滢
责任印制	戴　宽

出　　版	中国社会科学出版社
社　　址	北京鼓楼西大街甲 158 号
邮　　编	100720
网　　址	http://www.csspw.cn
发 行 部	010-84083685
门 市 部	010-84029450
经　　销	新华书店及其他书店

印刷装订	北京君升印刷有限公司
版　　次	2018 年 7 月第 1 版
印　　次	2018 年 7 月第 1 次印刷

开　　本	710×1000　1/16
印　　张	15
插　　页	2
字　　数	176 千字
定　　价	66.00 元

凡购买中国社会科学出版社图书，如有质量问题请与本社营销中心联系调换
电话：010-84083683
版权所有　侵权必究

目 录

导言 …………………………………………………………… (1)

第一章 中国古代海防思想和制度 ……………………………… (14)
  第一节 先秦至明代海防思想和制度 ………………………… (14)
    一 先秦时期海防思想和制度(远古至公元前
      3世纪) ……………………………………………… (14)
    二 秦朝到南北朝海防思想和制度(公元前3—
      6世纪) ……………………………………………… (18)
    三 隋唐到元代海防思想和制度(6—14世纪) ……… (24)
    四 明代海防思想和制度(14—17世纪) …………… (35)
  第二节 清代前期海防思想和制度 …………………………… (38)
    一 清代海禁政策内容 ………………………………… (38)
    二 清代海禁政策评价 ………………………………… (43)
  第三节 中国古代海防思想和制度评价 ……………………… (45)
    一 中国古代海防思想和制度的背景 ………………… (45)
    二 中国古代海防思想和制度的性质 ………………… (48)

三　中国古代海防思想和制度的意义 …………………… （50）

第二章　西方殖民势力冲击下的中国近代海疆 ………… （52）
第一节　15世纪到鸦片战争之间中西关系 ……………… （52）
　　一　早期中西文化交流 ………………………………… （53）
　　二　早期中西贸易交流 ………………………………… （55）
　　三　早期中西政治、军事交流 ………………………… （56）
第二节　19世纪以来清代海防危机 ……………………… （58）
　　一　清代落后的军事制度 ……………………………… （58）
　　二　清代落后的军事装备 ……………………………… （60）
　　三　清代落后的政治体制和经济制度 ………………… （68）
第三节　鸦片战争与中国海防战略调整的开始 ………… （69）
　　一　鸦片战争背景 ……………………………………… （69）
　　二　鸦片战争过程 ……………………………………… （70）
　　三　鸦片战争意义 ……………………………………… （76）

第三章　两次鸦片战争期间（1840—1860）海防思想 …… （77）
第一节　林则徐海防思想 ………………………………… （77）
　　一　林则徐海防思想背景 ……………………………… （78）
　　二　林则徐海防思想内容 ……………………………… （79）
　　三　林则徐海防思想评价 ……………………………… （84）
第二节　魏源海防思想 …………………………………… （85）
　　一　魏源海防思想背景 ………………………………… （85）
　　二　魏源海防思想内容 ………………………………… （86）
　　三　魏源海防思想评价 ………………………………… （95）

第三节　刘韵珂海防思想 …………………………………… (95)
　　一　刘韵珂海防思想背景 ………………………………… (96)
　　二　刘韵珂海防思想内容 ………………………………… (97)
　　三　刘韵珂海防思想评价 ………………………………… (101)
第四节　两次鸦片战争期间海防思想评价 …………………… (101)

第四章　洋务运动时期(1861—1894)海防思想 ……………… (103)
第一节　李鸿章海防思想 ……………………………………… (103)
　　一　李鸿章海防思想背景 ………………………………… (103)
　　二　李鸿章海防思想内容 ………………………………… (105)
　　三　李鸿章海防思想评价 ………………………………… (109)
第二节　刘铭传海防思想 ……………………………………… (110)
　　一　刘铭传海防思想背景 ………………………………… (110)
　　二　刘铭传海防思想内容 ………………………………… (111)
　　三　刘铭传海防思想评价 ………………………………… (116)
第三节　张之洞海防思想 ……………………………………… (116)
　　一　张之洞海防思想背景 ………………………………… (116)
　　二　张之洞海防思想内容 ………………………………… (118)
　　三　张之洞海防思想评价 ………………………………… (122)
第四节　陈炽海防思想 ………………………………………… (124)
　　一　陈炽海防思想背景 …………………………………… (124)
　　二　陈炽海防思想内容 …………………………………… (125)
　　三　陈炽海防思想评价 …………………………………… (134)
第五节　洋务派海防思想评价 ………………………………… (135)

第五章　洋务运动时期(1861—1894)晚清海军及其制度建设 …………………………………………………… (139)

第一节　晚清两次"海防筹议" ………………………… (139)
一　第一次"海防筹议" ……………………………… (139)
二　第二次"海防筹议" ……………………………… (143)
三　晚清两次"海防筹议"的意义 …………………… (146)

第二节　晚清海军衙门的成立 …………………………… (147)
一　海军衙门成立背景 ……………………………… (147)
二　海军衙门政策与措施 …………………………… (150)
三　海军衙门成立意义 ……………………………… (153)

第三节　晚清海军建设 …………………………………… (154)
一　海军舰队的艰难建设 …………………………… (154)
二　海军军港、基地建设 …………………………… (163)
三　海军人才建设 …………………………………… (165)
四　海军工业基础建设 ……………………………… (167)
五　晚清海军建设评价 ……………………………… (168)

第六章　甲午战后(1895—1911)近代海权思想 ………… (171)

第一节　甲午战后近代海权思想产生背景 ……………… (171)
一　甲午战败促进了晚清从海防向近代海权
　　思想转变 ………………………………………… (171)
二　马汉及其海权思想 ……………………………… (173)
三　马汉海权思想传入中国 ………………………… (176)

第二节　严复近代海权思想 ……………………………… (181)
一　严复近代海权思想背景 ………………………… (181)

二　严复近代海权思想内容 …………………… (183)
　　三　严复近代海权思想评价 …………………… (189)
第三节　姚锡光近代海权思想 ……………………… (190)
　　一　姚锡光近代海权思想背景 ………………… (190)
　　二　姚锡光近代海权思想内容 ………………… (192)
　　三　姚锡光近代海权思想评价 ………………… (195)
第四节　张謇近代海权思想 ………………………… (196)
　　一　张謇近代海权思想背景 …………………… (197)
　　二　张謇近代海权思想内容 …………………… (199)
　　三　张謇近代海权思想评价 …………………… (204)
第五节　晚清海权思想评价 ………………………… (204)
　　一　传统政治、经济体制是晚清海权思想
　　　　发展的桎梏 ………………………………… (205)
　　二　以传统农业经济为基础的国力无法支撑
　　　　大规模海权思想 …………………………… (205)
　　三　险恶的国内、国际政治环境严重阻碍了
　　　　晚清海权思想的发展 ……………………… (206)

第七章　晚清中国维护海权的实践 ………………… (208)
第一节　近海的初步维权活动 ……………………… (208)
　　一　利用国际法维护中国和朝鲜的近海主权 … (208)
　　二　1894 年东海抓扣外籍武器走私船 ……… (209)
　　三　1900 年阻寇三门湾 ……………………… (212)
第二节　维护南海诸岛主权活动 …………………… (213)
　　一　1902—1909 年东沙维权 ………………… (214)

二　1909年晚清海军巡视西沙 …………………………（219）

　　三　东沙、西沙维权意义 ………………………………（222）

第三节　维护海外侨民权益活动 …………………………（224）

参考文献 ………………………………………………………（227）

导　言

晚清中国的海权观念和战略是中国近代军事史、思想史的重要内容，也是中国古代传统海防思想向现代海权思想转变的过渡阶段。把握晚清海权观念的演变，不仅有利于认识中国海防史的发展过程，也有利于把握中国海防发展史的特点、规律，从而为我国当代海防建设做出贡献。

一　关于中国古代海防研究

（一）关于中国古代海防通史研究

杨金森、范中义的《中国海防史》[①]，该著作120万字，共两册，主要讲述了明、清两朝的海防历史，史料翔实，内容丰富。上册的"概述·海防前史"部分，主要叙述了中国从古到今的海防发展历史，对明代以前海防史进行了全面总结，包括春秋战国时期沿海诸侯国的海防，秦汉沿海设防，三国魏晋南北朝时期的沿海设防，隋朝五代时期的海防，北宋、南宋、金、元时期的沿海设防

---

① 杨金森、范中义：《中国海防史》，海洋出版社2005年版。

等。明代以前，除元朝有抵御外敌从海上入侵的经历外，其他朝代都是对付本国的敌对势力或国内其他民族，而且限于个别地域，没有完整的防御体系。明代以前的沿海防御是海防的萌芽，真正形成防御体系则是在明代。在该书的第一篇中，叙述了明代的海防（1368—1644），从明初的沿海形势、外交政策、海禁政策等方面分析了朱元璋建立的海防体系，接着又记述了永乐至正德年间的海防、嘉靖年间的海防、隆庆至万历年间的海防、明末的海防，以及从海防政略、海防战略、商贸策略、抗倭战术、海防要地等方面对明代的海防思想进行总结。在该书的第二篇中，叙述了清代前期的海防（1644—1840）。首先从海防形势、海防体制、海防力量、海防部署等方面分析了清代前期的海防建设，接着讲述了收复和统一台湾，保商靖盗和航运管制，俄国和英国的早期入侵，以及从海防政治思想和政策、海防经济思想、海防军事思想、海防地理知识等方面总结了清代前期的海防思想。该书下册则主要记述了清代后期的海防史。

马大正的《中国边疆经略史》[①] 一书，关于海防内容主要集中在对明清两代的论述上，如第七编明朝的边疆经略、明朝的海防与抗倭斗争，第八编清朝前期的海疆政策的演变等。张炜、方堃的《中国海疆通史》[②] 是一部海疆通史著作，共分八编，侧重于从历史地理沿革研究中国海疆的发展历程，起于先秦，终于晚清，尤其是明清两代海防内容最丰富，此著作涉及明清两代以前的海疆海防问题。

其他有关中国古代海防史内容的著作，还有张铁牛的《中国古

---

① 马大正：《中国边疆经略史》，中州古籍出版社2000年版。
② 张炜、方堃：《中国海疆通史》，中州古籍出版社2003年版。

代海军史》[1]。从海权角度论述中国海防史的著作有张炜的《海权与兴衰》[2]、章士平的《中国海权》[3]、秦天的《中华海权史论》[4]、张唏海的《中国海权报告》[5]、布鲁斯·斯旺森的《龙之第八次航海：中国追求海权史》[6] 等。

（二）关于海防思想与制度史研究

张炜的《中国海防思想史》[7] 是较为系统研究中国海防思想史的著作。王宏斌的《清代前期海防：思想与制度》[8] 从禁海思想渊源及其流变，陆基海防体制的形成与水师职责，战船修造制度与海上机动作战能力的丧失，海防地理四个方面叙述清代前期海防的有关情况。

张墨的《试论中国古代海军的产生和最早的水战》[9] 认为中国古代海军史的探索和研究，长期以来基本上处于空白状态。人们提到海军，往往都认为是从甲午战争，或者是从近代购舰、造船、用西法练水兵开始。其实，这至少是混淆了古代海军和近代海军的概念。其他论文有王寅宝的《论中国古代海军和海防思想》[10]，苏读史的《论我国海防思想的演变与发展》[11] 等。

---

[1] 张铁牛：《中国古代海军史》，八一出版社1985年版。
[2] 张炜、许华：《海权与兴衰》，海洋出版社1991年版。
[3] 章士平：《中国海权》，人民日报出版社1998年版。
[4] 秦天、霍小勇：《中华海权史论》，国防大学出版社2000年版。
[5] 张唏海：《中国海权报告（古代、近代部分）》，海潮出版社2000年版。
[6] ［美］布鲁斯·斯旺森：《龙之第八次航海：中国追求海权史》，美国海军协会1982年版。
[7] 海军军事学术研究所：《中国海防思想史》，海潮出版社1995年版。
[8] 王宏斌：《清代前期海防：思想与制度》，社会科学文献出版社2002年版。
[9] 张墨：《试论中国古代海军的产生和最早的水战》，《史学月刊》1981年第4期。
[10] 王寅宝：《论中国古代海军和海防思想》，《海军军事学术》1996年第3期。
[11] 苏读史：《论我国海防思想的演变与发展》，《中国军事科学》1993年第3期。

（三）关于古代海防史料的整理和研究

北京天龙长城文化艺术公司影印出版了《中国边疆史志集成》，其中全套52册的《海疆史志》①是研究中国海防史极其珍贵的史料。尽管古代中国对海疆的认识远不及陆疆，但对海疆史地的研究还是有着悠久的历史和良好的传统。在《尚书》《尔雅》《管子》等中国上古时期的经典著作中，就对海有着各种各样的记述，反映了古代中国对海的初步认识。《二十四史》中有许多关于中国海疆情况的记述。自宋元以来，专门记述海疆的书籍越来越多，例如，宋《宝庆四明志》和元《岛夷志略》等。明清以来，有关海疆的著述空前繁荣，尤其是在地方志、奏疏、年谱中，记录了许多开发、经营、管辖海洋的珍贵资料。《中国边疆史志集成》中的《海疆史志》书集，汇集了中国海洋、海疆和海防等方面的大量记载，共收录元、明、清时期珍稀善本图书资料近50种，具有极高的收藏价值，为现代学者深入研究中国海疆问题提供了翔实的参考资料，并对完善中国边疆史地研究体系起到推动作用。

二 关于中国近代海防思想、海权观研究

（一）关于中国近代海防思想和海权观研究

近代海防思想方面，戚其章、史滇生、张一文等对近代海防思想的历史发展过程和历史地位进行了评价。②孙占元则对海防议与

---

① 《海疆史志》，全国图书馆缩微复制中心编，2005年版。
② 戚其章：《晚清海防思想的发展及其历史地位》，《东岳论丛》1998年第5期；史滇生：《中国近代海防思想论纲》，《军事历史研究》1996年第2期；张一文：《清末海防思想的演进》，《军事历史研究》1996年第4期。

近代海防观的萌芽进行了论证。① 刘中民的《中国近代海防思想史论》②对鸦片战争到辛亥革命的海防思想演变进行了探讨。

近代海权论方面，王秀英从宏观上阐述了近代中华民族海权意识觉醒的过程：清代前期中国海权意识不断增强和鸦片战争之后中国海权意识的全面觉醒。③ 皮明勇则阐述了甲午战争后中国海权意识觉醒的过程，指出甲午战争后海外的中国留学生引进了马汉先进的海权论。但在这之后，由于诸多因素的制约，中国不仅没有成为海权大国，连海权论引进中国这一历史事实本身也被遗忘。④ 周益锋较为全面地阐述了马汉的海权论传入中国以及晚清海权思想萌发的过程。马汉海权论在中国国内产生了两个方面的积极作用，中国人产生了初步的海权思想。但由于多方面的原因，晚清政府并没有将海权论用于指导海军建设，所以晚清的海权思想并不成熟。⑤ 黄顺力则认为，由"千古变局"而产生发展起来的晚清海防教育，促进了20世纪初国民海权思潮的出现，它既是晚清海防教育的自然延伸，也是国民海权意识的初步觉醒，是中国人的海洋观念从传统向近代变迁过程中一个值得认真探讨的发展趋势。⑥

（二）关于中国近代名人的海防思想和海权观研究

对于中国近代名人的海防、海权思想研究，主要包括对魏源、

---

① 孙占元：《近代海防观的萌发与海防议》，《浙江学刊》1995年第5期。
② 刘中民：《中国近代海防思想史论》，中国海洋大学出版社2006年版。
③ 王秀英：《近代中国海权意识的觉醒》，《辽宁青年管理干部学院学报》1999年第3期。
④ 皮明勇：《海权论与清末海军建设理论》，《近代史研究》1994年第2期。
⑤ 周益锋：《"海权论"东渐及其影响》，《史学月刊》2006年第4期。
⑥ 黄顺力：《千古奇变：晚清海防教育与国民海权意识的觉醒》，《中国国情国力》2004年第4期。

李鸿章、严复等人的研究。

关于魏源海权观的研究。戚其章认为,魏源朦胧地意识到唯有学习海权国家之长,即以我之海权对付彼之海权,才足以制驭海权国家。魏源的这一思想要比马汉约早40年,他们的海权思想虽在形式上有类似之处,而在性质上却存在着根本的区别。魏源的海权思想是着眼于抵抗西方海权国家的侵略,马汉的海权思想则是站在帝国主义立场,为西方海权国家对外侵略扩张提供理论依据。当然,限于自身的经历以及所处的时代和环境,魏源的海权思想只是一种朴素的海权观,还不可能像马汉那样构成一个完整的体系。而用历史的观点看,在当时的中国,他的这一思想具有超前的先进性,还是应该充分肯定的。[1]

关于李鸿章海权观的研究。李斌认为,由于两次鸦片战争的失败,海权思想逐渐为人所认同,清廷朝野上下开始对海权的危机有所觉醒。最早议论海权的是魏源,而李鸿章则是海权建设的集大成者。虽然北洋海军在甲午战争中覆灭,但是不应因此而否认李鸿章在近代海权意识觉醒和海权建设中的作用。[2]

关于严复海权观的研究。王荣国认为,严复是我国较早接触与传播马汉海权论者,并借鉴马汉的海权理论形成自己的海权思想:海权关系到国家的贫富强弱和国际地位高低;不缔造海权,陆权也只能随之丧失;中国应在日本海、渤海、黄海、东海和南中国海海域建立制海权,创建海军,实行海上交通控制,拒敌于海洋国土之外。严复的建立海权思想,具有"国振驭远之良策,民收航海之利资"的政治与经济的双重目的,体现了其海洋思想与国防观由传统

---

[1] 戚其章:《魏源的海防论和朴素海权思想》,《求索》1996年第2期。
[2] 李斌:《李鸿章与晚清海权》,《历史教学问题》1994年第6期。

向近代的重大转变。①

(三) 关于近代海防思想、海权观与中国近代对外战争胜负研究

从海权与鸦片战争、甲午战争等关系来看，海权是一个国家兴衰的重要因素，能保持强大海权的国家则强盛，丧失海权的国家则衰落。中国在鸦片战争、甲午战争中的失败是中国海权衰落的必然结果。

尤子平强调，重温我国近代史，归结到一点就是不强国必亡；海军不强，海权无望。② 许华也认为，如果说侵略与反侵略战争是构成中国近代历史发展演变的重要内容之一，那么在海洋方向入侵与反入侵的军事斗争，则决定着侵略与反侵略战争的胜负成败，从而也就决定了近代中国历史发展的命运。③

从海权与鸦片战争关系来看，陆儒德认为海权是一个国家兴衰的重要因素，能保持强大海权的国家则强盛，丧失海权的国家则衰落。中国在鸦片战争中失败是中国海权衰落的必然结果。④

从海权与甲午战争的关系来看，戚其章认为海军战略的理论核心是制海权。甲午战争前，中国一直强调陆军为立国根基，其海防思想始终未跳出单纯海岸守口主义的窠臼。从19世纪60年代中期以后，中国在引进造船工业、创建海军的同时，却忽视了对近代海军战略理论的研究和掌握，成为这场历史悲剧发生的重要原因之一。⑤ 许华也认为，在以海军制胜的中日甲午战争中，交战之中日

---

① 王荣国：《严复海权思想初探》，《厦门大学学报》2004年第3期。
② 尤子平：《海权纲鉴——〈辛丑条约〉百年祭》，《现代舰船》2001年第12期。
③ 许华：《海权与近代中国海军的命运》，《当代海军》1998年第6期。
④ 陆儒德：《中国走向海洋》，海潮出版社1998年版，第59—67页。
⑤ 戚其章：《甲午中日海上角逐与制海权问题》，《江海学刊》2002年第4期。

两国对海权的认识和利用的程度高低,从根本上决定了这场战争最终的胜负结局。中国发展近代海军,从来就不是海权意识的产物;从来就没有与发展海权相联系。中国统治者没有海权意识,没有为争夺海权而发展海军的意识,而是企图将一个产生并服务于资本主义的近代新军种纳入封建主义的陈旧轨道。①

(四) 中国近代海权意识淡薄原因研究

对于晚清中国海权意识淡薄的原因探索,学术界也多有成果。张仁善认为,近代中国的海权意识虽有觉醒,但仍然相当薄弱,海权问题在国家大政方略中所占分量微乎其微。主要原因有:海权意识的产生缺乏内在的动力,是在西方资本主义海上侵略威胁下的被动反应;国防战略缺乏海权意识;海军发展没有明确的战略方针;放弃制海权的海军作战方针;国民普遍缺乏海权观念。除此之外,从更深层的意义上说,还受到民族的经济结构、文化传统及其所处的地理环境的影响:中国封建社会以家庭为本位,以自给自足的自然经济为基础;传统中国文化塑造了民族内趋型的心理结构;我国民族活动的地域东南临大海,西边为高原,北方为沙漠和草原,西南是喜马拉雅山脉,形成相对独立的自然单元;中国历史上,国防的重点一直在陆而不在海。②

韩晓娟认为,晚清政府海权意识的演变是中西方海洋观念碰撞的直接产物。但晚清海权思想没有能够得到充分的发展主要是因为晚清政府中的政治、经济、军事、文化的耗散选择,制约并阻碍了

---

① 许华:《海权与近代中国的历史命运》,《福建论坛》1998 年第 5 期。
② 张仁善:《近代中国的海权与主权》,《文史杂志》1990 年第 4 期。

晚清海权意识的发展。①

刘新华认为，中国是陆海复合型国家，兼具海陆地理特点，其国防战略不能不受这一特点的制约。19 世纪 70 年代，清政府内部出现了海防与塞防之争，争论的结果使中国传统的以塞防为主的国防战略转向以海防为主的国防战略。从地缘政治的角度看，塞防的根本是确保陆权，海防的根本问题是发展海权。而国家战略资源的有限性使中国不能二者兼顾，这也是近代海权无法得到充分发展的重要原因。②

（五）中国近代南海问题研究

作为与晚清海权思想密切相关的南海问题，学术界多有探讨，特别是出现了诸多近代列强对南海侵略的研究成果。李长傅的《帝国主义侵略我国南海诸岛简史》③、劳祖德的《清末关于东沙岛的一次中日交涉》④ 是较早论述列强在近代侵略南海的论文。孙冬虎的《南海诸岛外来地名的命名背景及其历史影响》⑤ 研究了早期西方国家对南海地区的扩张，认为 1800 年英国船只 Bombay 号窜入我国西沙群岛海域开启了西方列强侵犯南海的先河。刘文宗的《我国

---

① 韩晓娟：《晚清政府海权意识演变的制约因素探析及其启示》，《忻州师范学院学报》2006 年第 6 期。
② 刘新华：《略论晚清的海防塞防之争——以地缘政治的角度来考察》，《福建论坛》2003 年第 5 期。
③ 李长傅：《帝国主义侵略我国南海诸岛简史》，《光明日报》1954 年 9 月 16 日第 7 版。
④ 劳祖德：《清末关于东沙岛的一次中日交涉》，《历史与文物资料》1979 年第 3 期。
⑤ 孙冬虎：《南海诸岛外来地名的命名背景及其历史影响》，《地理研究》2000 年第 2 期。

对西沙、南沙群岛主权的历史和法理依据（之一）》①论述了德国、法国和日本等国先后侵犯南海，其中德国对南海的侵犯始于1883年对西沙群岛和南沙群岛进行的调查测量。

另外，对晚期政府南海维权活动也有很多研究成果。吕一燃的《近代中国政府和人民维护南海诸岛主权概论》②认为1928年以前的中国主要是用地图疆界线段表达国家疆界的主张，其中代表性的地图有1880年王之春的《国朝柔远记》，即已记载东沙群岛属广东省管辖。林琳的《国际社会对南海诸岛中国主权的确认》③认为，1901年陈寿彭译的《新译中国江海险要图志》卷一第二图《中国滨海及长江一带下至中国海南洋群岛》，此图是由英国海军海图局编制的，图中把南海诸岛标绘为中国领土。1908年英国出版的《中华帝国地图集》，也是把南海诸岛绘属于中国。郭渊的《从近代国际法看晚清政府对南海权益的维护》④指出，在与列强斗争过程中，晚清政府收回东沙岛主权，并宣示对西沙群岛的主权。晚清政府也提出了"水界"区、渔业区海域观念，这有利于中国南海权益的维护。

在南海问题史料整理方面则有以下重要成果：陈天锡的《西沙岛东沙岛成案汇编·东沙岛成案汇编》⑤、杜定友的《东西南沙群

---

① 刘文宗：《我国对西沙、南沙群岛主权的历史和法理依据（之一）》，《海洋开发与管理》1997年第2期。
② 吕一燃：《近代中国政府和人民维护南海诸岛主权概论》，《海洋开发与管理》1997年第2期。
③ 林琳：《国际社会对南海诸岛中国主权的确认》，《广西民族学院学报》1995年第3期。
④ 郭渊：《从近代国际法看晚清政府对南海权益的维护》，《求索》2007年第2期。
⑤ 陈天锡：《西沙岛东沙岛成案汇编·东沙岛成案汇编》，商务印书馆1928年版。

岛资料目录》[①]、韩振华的《我国南海诸岛史料汇编》[②]、吴士存的《南海资料索引》[③] 和《南海问题文献汇编》[④]，这些系统的资料为我们研究近代南海问题提供了宝贵材料。

三　本书基本内容

本书主要从中国近代海防和海权思想的发展、近代海军制度的建立以及晚清维护我国海权的实践三个方面进行全方位研究，目的在于建构出一个研究我国近代海防、海权发展史的结构框架，揭示出一条我国近代海权发展的清晰线索。以下为本书主要内容：

（一）中国古代海防思想和制度

中国自古以来就拥有漫长的海岸线，拥有星罗棋布的海上岛屿和辽阔的海洋国土，我国筹划沿海防务的历史可以追溯到很久以前，各朝各代都对中国海防建设与发展做出许多贡献。我国古代海防思想与古代交通技术和军事技术发展水平相一致，是我国传统陆权战略的一部分。但中国古代海防思想和制度从 17 世纪开始受到严重挑战，直到鸦片战争时期导致我国海防全面危机。

（二）从鸦片战争到甲午战争期间的海防思想

从 19 世纪中叶开始，我国的海疆受到西方殖民势力的严重冲击，晚清中国面临深刻的危机局面。从鸦片战争开始直到甲午战

[①]　杜定友：《东西南沙群岛资料目录》，西南沙志编纂委员会，1948 年。
[②]　韩振华：《我国南海诸岛史料汇编》，东方出版社 1988 年版。
[③]　吴士存：《南海资料索引》，海南出版社 1998 年版。
[④]　吴士存：《南海问题文献汇编》，海南出版社 2001 年版。

争,我国的思想家、政治家发展出了具有各自特点的近代海防思想。如以19世纪60年代为划分界限,前期以林则徐、魏源等为代表,后期以李鸿章、张之洞等为代表。

(三)从甲午战争之后开始的近代海权思想

甲午战争后,中国的海防思想发生重大转变。19、20世纪之交,马汉的海权论在世界各国传播的同时,也经日本传到了中国。马汉海权论的引入对晚清海防思想产生了极大的影响。1907年5月,清廷命令姚锡光拟制的海军复兴规划中,就充满了近代海权思想。

(四)晚清海军和制度建设

晚清在海防、海权等思想观念发展的同时,晚清政府也开始了近代海军和海防制度的建立和制定。从同治七年(1868)江苏巡抚丁日昌草拟《海洋水师章程》,到同治十三年至光绪十年(1874—1884),北洋、南洋、福建、广东4支海军规模初具,到光绪十一年(1885)海军衙门成立,再到光绪十四年(1888)9月奏定了《北洋海军章程》,北洋海军正式成军,中国海军及其制度建设方面均取得重大成就。

(五)晚清海军的维权活动

规模初具的晚清海军虽然受到国内、国际环境的严重掣肘,但依然对中国东海、南海等近海进行了维权。20世纪初还派海军前往国外保护旅居海外的侨民利益。这些行动显示了晚清政府在维护海洋权益方面的不懈努力,并正在缓慢地向建设海洋大国的目标前进。晚清海军在南海维护主权的活动也是我国对南海拥有主权的历史证据。

　　以上是本书的基本框架和内容。从思想、制度和实践三个方面对晚清海防进行研究是一个非常浩大的工程。囿于智识，限于时间，本书只是在这方面作出粗浅尝试而已。另外，在本书的写作过程中，无论观点还是材料，都吸收了众多研究成果，特此致谢。

第一章　中国古代海防思想和制度

从人类有了沿海地区的政权那天起，海防就是军事实践活动的重要内容。中国自古以来就拥有漫长的海岸线，拥有星罗棋布的海上岛屿和辽阔的海洋国土，筹划沿海防务的历史可以追溯到很久以前，各朝各代都对中国海防建设与发展做出了许多贡献。

第一节　先秦至明代海防思想和制度

中国古代海防制度和思想可以追溯到先秦时期，经秦、汉、隋、唐等时期，到宋、元、明时期，古代海防思想和制度日趋成熟。

一　先秦时期海防思想和制度（远古至公元前3世纪）

中国古代海防萌芽于古代河防制度。中国早期国家形成于东亚大陆大河流域，作为军事力量的重要组成部分——水军，其作战和防御范围主要局限在内河和湖泊。随着领土疆域的扩大，水军活动范围逐渐扩大，到春秋时期，某些沿海国家的水军活动范围已经扩展至近海，并发生过海战。

第一章 中国古代海防思想和制度

从新石器时代开始,我国先民在大河、近海就有频繁的生产活动并相互交往。《史记》记载:黄帝征天下不顺者,"东至于海","南至于江"①。夏朝疆域"左河济,右泰华"②,商朝疆域"左孟门,右太行,常山在其北,大河经其南"③。商朝是当时的大国,"相土烈烈,海外有截"④。夏、商两代,随着我国早期国家的建立和疆域的扩大,对外征服战争大都跨河流进行,境内的河流也成为国防的重要地区,古代水军萌芽于此时。另外,商代中国与海洋地区的贸易活动开始增加。殷墟出土了来自东海和南太平洋的海贝、海螺和鲸骨等实物。海上航行工具诸如篷、桡、帆也已经发明。商朝有广阔的海外领地,是三代中唯一有"海权"基因的朝代。

周代开始,中国开始出现正式的水军。周武王时,周朝设立了管理舟船、运送兵员、渡水济河的专责官吏,称为"舟牧"。周武王的伐纣大军在孟津渡黄河,以吕尚为后将,使用47艘船只抢渡,这是在中国史书中对于舟船用于军事任务的最早记载。周昭王十九年,周王亲率六师攻打楚国。周师浩浩荡荡开到汉水边准备渡江,碰到了异常的天气。汉水边的土人痛恨周人的骚扰而暗中进行破坏,征集的渡江船只有的是用胶黏结船板而成的。因乘坐的渡船在汉水中胶溶板散,昭王和随从贵族祭公等人葬身鱼腹。楚军乘势反击,周人"丧六师于汉水"⑤,全军覆没。周、楚汉水之战,是古代中国水战的著名案例,表明古代水军发展到了较高水平。

东周时期,周天子式微,诸侯争霸,战争频繁。为了兵力集

---

① 《史记·五帝本纪》卷一,中华书局1959年版,第6页。
② 《史记·吴起列传》卷六十五,列传第五,第2166页。
③ 同上书,第2167页。
④ 《诗经·商颂·长发》,中华书局2009年版,第210页。
⑤ 《史记·周本纪》卷四,第134页。

结、运输粮秣或对远方进行外交、贸易等活动，楚、越和齐等国在春秋的末期已建立了舟师；秦国为了适应与巴蜀地区和楚国的作战，赵国则为了防备齐和中山国的威胁，也相继建立舟师。当时各国的舟师已具相当的规模，如秦国至少拥有战船万艘。各国的水师在舟船制造、编制各方面都得到了空前发展。

东周时期，各国的造船事业获得巨大发展。在春秋的中、晚期，地处大陆东南河湖纵横的江南及滨海地区的楚、吴和越等国，都设置了"船宫"作为造船的工厂，并且因船舶数量需求、功能和类型的增多，出现了"民船"与"战船"的区别，战船也出现了职司作战用途不同的类型。大约在公元前500年时，据传当时在吴国训练水师的名将伍子胥，曾编撰了一部名为《伍子胥水战兵书》，记载了当时吴国水军的战船类型，有大翼、中翼、小翼、楼船、突冒和桥船等名称。伍子胥曾向吴王以陆战的"车战"作比方，战船大翼相当于陆军之重车，小翼相当于轻车，装有冲角的突冒相当于冲车，楼船则相当于指挥的楼车，小型快艇桥船则如同战马奔驰。

在水师编制方面，东周时期也形成相应的规模。有关水师编制，虽无详细的文献可证，但在《越绝书》一书中，曾提到名曰"大翼"的战船，编配有持弯弓、钩矛、大斧的战士34人，水手划桨者50人，操船执舵者3人，吏、仆、射、长等指挥官各1人，共计91人。另据出土战国墓中的"水陆攻战纹"古铜鉴和铜壶上的图形显示，战船的艏和艉高高翘起，系无帆无舵的双层人力桨船，船的上层前面挂旌幡以作识别，后面置金鼓指挥前进；下层为弯腰站立用力划桨的水手，作战士兵腰间则配剑站在上层，有的击鼓指挥前进，有的弯弓搭箭，有的挥戈持矛，表现了当时水战双方的激烈场景。战国时期战船中武士所使用的兵器，与当时诸国以陆战为主力的"战车"部队上"车兵"所配备的兵器相当,在水战时双方格斗兵器是矛和戈,但柄较长,远射的兵器是弓箭,近接攻防则是剑。

东周时期东南沿海各国之间水战频发。拥有水军的国家如吴、楚、越、齐等国家之间时常发生水上战争。齐、越、吴"三国边于海,而其用兵相征伐,率用舟师蹈不测之险",从海上"攻人不备,入人要害,前此三代未尝有也"①。水战发生地域主要集中在长江中下游地区和山东、江苏、浙江一带。

吴、楚之间发生过多次水上战争。在《吴越春秋》中记述了吴、楚水师间的大小战役达20余起。吴、楚水战,互有胜负。楚共王二十一年(公元前570年),楚国使用水军攻陷鸠兹;楚康王十一年(公元前549年),楚国统治者派遣舟师伐吴;吴僚二年(公元前525年),吴国出动舟师和楚国的舟师战于长江(今安徽当涂西南),此役楚国"大败吴师,获其战船馀皇",这是在史书中出现的最早战船名称,是当时吴王所乘坐的指挥船。吴阖闾十一年(公元前504年),吴国水师则大败楚国。

由于吴、越位于东部沿海,两国之间水上战争也频频发生。吴夫差二年(公元前494年),吴、越之间发生了大规模的太湖水战。战争中,越王勾践率领3万军队抢先占领了太湖中最大的岛屿之一的夫椒山(今无锡马山),吴王夫差令大将伍子胥率领水军横跨太湖攻击越国。两军在湖中激战,由于伍子胥作战指挥有方,再加上吴的造船技术更加优越,具备更强大的作战能力,因此在太湖水战中占据上风,最后把越国水军打得几乎全军覆没。

---

① 顾栋高:《春秋大事表》卷八下,中华书局1993年版,第935页。

吴、齐之间也发生过水上战争。吴王夫差在打败越国之后，把目标转向了齐国。吴王派遣水、陆两路吴军进攻山东半岛。吴夫差十一年（公元前485年），吴、齐海战爆发。这是我国历史上最早的海战记载。吴国大夫徐承是此次远征的主帅。两国的舟师在黄海展开激烈的战斗，由于海上风浪过大，远道而来的吴军不甚适应最终被齐军击败。虽然吴国水军最终失败，但这场远征的意义依然十分重大，表明当时航海和制造船舶的能力已经达到了一个相当的高度。

二 秦朝到南北朝海防思想和制度（公元前3—6世纪）

1. 秦朝

秦朝将战国七雄领土合并为一，疆域"东至海暨朝鲜，西至临洮、羌中，南至北向户，北据河为塞，并阴山至辽东"。琅邪刻石则记载："西涉流沙，南尽北户，东有东海，北过大夏。"[①] 秦朝成为具有陆海复合型特征的国家。秦朝在继承巴蜀地区和原六国造船技术的基础上，建造了许多性能良好并能够海上航行的先进战船。史载秦始皇为了政治、军事和经济等目的，曾先后实施5次大规模的全国巡游，除第一次外，第二次到第五次都曾巡游海上。秦朝向沿海地区移民、开发海疆的政策，反映了秦朝大一统时代海防观念已经发展到了一个新高度。

秦朝的水军称为"楼船之士"。秦水军曾挥师顺江攻取岭南地区的南越。公元前215年，大将蒙恬北伐匈奴，收复黄河以南的44个县之后，为了供应部队后勤补给，派遣庞大的船队从山东渡渤海

[①] 《史记·秦始皇本纪》卷六，中华书局1959年版，第245页。

进入黄河运送军需粮秣。当时秦朝水军在战船规模和航海支援作战方面都具备了相当的能力。

秦始皇为求得不死之药,于始皇二十八年(公元前219年)派徐福入海求仙药,"齐人徐福等上书,言海中有三神山,名曰蓬莱、方丈、瀛洲,仙人居之。请得斋戒,与童男女求之。于是遣徐发童男女数千人,入海求仙人"[①]。后世有人认为徐福所到的这些地区为现在的日本列岛。徐福远渡日本,表明了秦代具有较为发达的远航技术。

2. 汉朝

西汉继承秦朝疆域,也拥有漫长的海岸线和众多的内河航运系统。西汉时期的水师继续发展,制造战船的种类和技术获得进一步发展,水师编制形成体系。

西汉时期的战船种类众多,具体如下。

(1) 楼船

西汉时期的楼船已大量生产,其结构一般分为3层,也有5层、10层的。其船体庞大,状如城垒,高10余丈,列女墙、战格,树幡帜,开弩窗、矛穴,置抛车、垒石、铁斗。元狩三年(公元前120年),汉武帝在长安城的西南挖建方圆40里的昆明池,在池中建造的3层楼船高10余丈,船上设备齐全,配备纤绳、橹、楫和帆等航具。船的四周插满旌旗,舰容威武雄壮,代表了西汉造船业的蓬勃发展。

(2) 艨冲

艨冲是汉朝水军的主力船型之一,形狭而长,航速快,专用以

---

① 《史记·秦始皇本纪》卷六,中华书局1959年版,第247页。

突击敌方船只。艨冲有3个特点,以生牛皮蒙背,具有良好的防御性能;开弩窗、矛穴,具有出击和还击敌船的作战能力;以桨为动力,具有快速航行的性能。

(3)冒突

冒突之名取"触冒而唐突"之意,有较完备的防护设施,主要是用于袭击敌船。

(4)斗舰

斗舰简称"舰"。舷上有女墙,墙下船舷开棹孔,甲板上有棚,棚上又有女墙,棚上无覆背,前后左右竖旗帜金鼓,用来指挥作战,可壮声势。

(5)赤马

赤马又称"赤马舟",是一种红色的船,如马在陆地上奔驰般,航速很快,是高速战船。

(6)斥候

斥候是大船上用以瞭望的小屋。士兵隐藏在舱内,观察敌军情势,是一种专门用于侦察敌情的战船。

此外,还有戈船、下濑和横海等种类。戈船,以载干戈,因谓之戈船;下濑则是一种较为轻便的战船,可在水流湍急与有礁石的河流区航行;横海功能不明。

1975年,在广州发掘了一处规模巨大的古代造船工场的遗址,发现了3个大船台,可以同时建造数艘重量达五六十吨的木船。据考证,这是秦汉时期的造船遗址。此外,在今陕西、四川、安徽、浙江、江西等地,也都有秦汉的造船工场。如长安城西的汉朝昆明池造船基地,周长达40里,池中可放置近百艘高大的楼船。

西汉时代的水师已经有了定制,称为楼船军,为汉军的主要作战兵种之一。水军指挥系统设有戈船将军、下濑将军和横海将军等官职。西汉政府曾诏令每岁立秋之后课试，以选拔"楼船""轻车"等武官晋用。

西汉时期，水军战斗力显著增强，在统一东南沿海地区过程中起到了重要作用。建元三年至元封元年（公元前138—前110年），武帝派遣水师楼船大军10余万讨伐东瓯（今浙江东南）、闽越（福建部分地区）和岭南百越（今广东、广西等部分地区），大幅的拓展汉朝在版图上的势力范围，并加强了对南方海疆的巩固。元封二年至三年（公元前109—前108年），汉代与朝鲜关系紧张，汉武帝东巡后劝谕朝鲜无效，于是派楼船将军杨仆率5万大军渡渤海，进攻朝鲜，取得胜利，随后设置玄菟、乐浪、真番、临屯四郡。随着东南沿海地区及朝鲜的平定，西汉已拥有北起朝鲜、南至广西的漫长的海岸线。在这广阔的区域里，汉政府把全国划分为13刺史部，临海郡多达21个，各郡均设郡守和领军的都尉，不仅管理地方，同时兼负海防职责。

为了维护海疆安全，汉武帝曾7次巡海：元封元年（公元前110年），武帝东巡海上，北至碣石上岸，经辽西过北部边疆九原，回长安；元封二年（公元前109年），巡行东莱；元封五年（公元前106年），武帝出长江口，航行到琅邪；翌年，又临渤海；元封六年（公元前105年），东巡海滨；太初三年（公元前102年）、太始二年（公元前95年）、征和四年（公元前89年），武帝又3次巡海。汉武帝巡海行动起到了向沿海地区显示西汉王朝的权威、震慑新归顺地方反叛势力的作用。汉代中国的船舶不仅仅被大规模应用于内陆的江河湖泊中，而且航海技术也已经走向成熟，可以进行大规模的航海，甚至已经可以越渤海过黄海直攻朝鲜半岛了。

东汉时期战船的数量和种类得到更进一步的发展。当时作战所出动的战船，往往动辄上千至万艘之多。伏波将军马援奉命出海去征讨征侧、征贰的叛乱，海军竟多达几万人，战船2000余艘，威壮南海。东汉末年，刘表据荆州治水军，拥艨冲、斗舰战船，乃以千数。建安十三年（公元208年），曹操挥师东征孙吴，大兴水军，凡舟万艘。

东汉时期，海防又发展到了一个新的阶段。内陆不少人民为逃避徭役及官府与豪强的骚扰，乘舟涉海而居岛屿，有的成了海盗，对沿岸人民生活造成威胁。阳嘉元年（公元132年），曾旌在浙江海岛率水军攻会稽，杀县令，汉廷不得不增加沿海兵力，以防海盗。

两汉海外交通则以日南障塞、徐闻、合浦等地作为基地，与都元国、邑卢没国、谌离国、夫甘都卢国、黄支国、皮宗和已程不国等东南亚、南亚国家进行海外贸易。

3. 三国两晋南北朝

三国初期的楼船、艨冲等战船船体，均较西汉和东汉初期加大了许多。在三国中孙吴所据之江东，历史上原本就是造船业发达的春秋时期古吴、越之地。史载在孙吴政权新建立不久就已拥有各型战船达5000余艘，最大的战船其楼层上下达5层，并可搭载战士3000人，尤其吴王孙权所乘坐名为"飞云""盖海"等大船更是雄伟壮观，故能多次派出大船队远航至辽东及南海海域。

三国初期，出现了桅杆船帆。汉朝初期的战船都还没有出现桅杆船帆，划船推进动力还必须倚靠人力的橹及桨。三国时期，掌握航向的舵，借助风力的帆、桅杆以及掌握平衡的碇等造船技术，才在一些史书记载中陆续出现。

三国时期，魏吴两国扩大了海外拓展范围。曹魏征服辽东沿海地区，开通了山东经过朝鲜半岛南端的带方郡，再航行至对马岛，然后经日本壹岐岛而达九州福冈的航线。东吴水军则向台湾、南洋诸国进行军事远航活动。吴黄龙二年（公元230年），孙权遣将军卫温、诸葛直等率万名甲士前往夷洲（今台湾）、亶洲（今琉球或吕宋）。卫温和诸葛直花费了约一年时间行军，士兵们因为疾病死去了八到九成。因为亶洲太过遥远，卫温和诸葛直最终没能到达那里，只带了几千名夷洲人返回。吴国与朝鲜半岛也有往来。吴嘉禾二年（公元233年），吴使至朝鲜，高句丽王"贡献"貂皮等物。吴赤乌年间（公元238—251年），孙权派遣中郎将康泰、宣化从事朱应出访扶南与海南诸国。

西晋时期，使用了更为大型的战船。在《晋书·王濬传》中记载了晋将王濬在益州（今四川成都）造大船（连舫双体船），船方120步，上面建有城墙楼橹，四面开门可以纵马。此外，还有飞云船、苍隼船、金舡、飞鸟舡等。[①] 西晋用上述战船在益州（今成都地区）编练了一支强大的水军，沿长江东下，一直打到吴都建业（今南京），对灭亡吴国，统一南方起了重大作用。灭吴后，由于收编了吴国水军，西晋水军更加强大。

东晋地处江南，造船业发达，水军也很多。桓玄据荆州时，有一支强大的水军，在与刘毅战于峥嵘洲水域时，曾出动战船200艘。陶侃、温峤、庾亮、魏该等率有水军40000人。东晋末年，孙恩、卢循海上起义，拥有战船千艘。东晋王朝为镇压孙恩、卢循势力，也大量编练水军。成都割据的蜀汉王刘寿曾征集士卒70000余人为舟师，准备顺江东下，进攻东晋。东晋水军不仅在江南活动，而且还北入黄河，如太和四年（公元369年），桓温引舟师自清水

[①]《太平御览·舟部》卷七百七十，河北教育出版社2000年版，第204页。

入黄河，舳舻百里。

东晋末年还发明了车轮舟。东晋将领刘裕大举进攻建都长安的后秦。晋将王镇恶率水军自黄河入渭以趋长安，战舰为车轮舟。自此之后，在中国的文献上，即不断有车轮舟的记载。车轮舟是将人力推进动力的划桨转化为轮桨，故运转能进退自如，提高了舟船的机动性。南北朝时的科学家祖冲之也曾建造过"不因风水，施机自运，不劳人力"的车轮舟。

在北方的十六国，由于地理条件及民族传统等原因，多数只有陆军。地处黄淮的各国则有较多的船只和相当规模的水军。后赵国君石虎攻鲜卑段辽时，以桃豹为横海将军，王华为渡辽将军，统舟师100000出飘渝津。准备攻前燕国时，备船万艘，自河通海，运谷豆千百万斛于乐安城（今河北乐亭北），以备征军之调。前秦苻坚准备伐晋时，也曾在益州组建水军，下令蜀汉之军顺流而下，以形成"东西万里，水陆并进"之势。

南北朝时期，水军是南朝军队的主力兵种，南朝历次出兵，多以水军为主。如宋文帝元嘉元年（公元424年），北魏大军南进，宋军水师沿长江列阵迎击，从采石直到暨阳，江面上船舰集结连营，绵延六七百里，旗帜鲜明，军容整肃。在强大的南朝水军面前，北朝以骑兵为主的军队一筹莫展，只得铩羽而归。

三 隋唐到元代海防思想和制度（6—14世纪）

1. 隋、唐

隋唐朝代，战船种类几乎无重大的改变，主要是因为当时的战场仍然是在内陆江河。隋文帝杨坚曾派大将杨素督建了各型的战船，最大的"五牙战船"可载士兵800人，上建5层，高达百余尺，旗帜旌幡加于上，左右前后还设置了6具长达50尺可以用来拍击重创敌船的"拍竿"。其次是名为"黄龙"的战船，亦可载士兵达百余人，此外，还有"蚱蜢""平乘"等较小型的战船。

"拍竿"是南北朝隋唐时期所创制的新型水战兵器。自战船走上中国的军事舞台后，远射武器一直为弓弩利箭，近战双方格斗的兵器则为戈矛戟钺，但这些兵器只能杀伤敌人兵员，却无法击毁敌船，直到拍竿这种兵器的出现才达到击毁重创敌船的目的。隋文帝开皇八年（公元588年）十二月，攻陈战役首先从长江上游发起后，杨素率水军东下，舟舻被江，旌甲耀日。次年正月，当杨素所率水师顺流东下进至巫峡时，以习水性、善驾舟的巴蜀士卒1000人，分乘4艘五牙战船，向据守巫峡的陈军猛冲，以拍竿碎其10余舰，俘甲士2000余人，陈军守将吕仲肃仓皇东逃仅以身免。开皇九年（公元589年），隋灭了南朝中最后的陈朝时，五牙战船的拍竿在双方水军近距离接战上，发挥了摧毁敌船致命一击的威力。

隋文帝用五牙战船渡江灭陈之后，隋炀帝开凿大运河、造大龙舟及杂船数万艘，三下江都，三去流求（台湾），三次对高丽战争。尤其在大业八年（公元612年），隋炀帝第一次亲征高丽，曾令江淮水军从山东莱阳出海，进入辽东大同江接应陆军，据载当时的战船首尾相接达数百里，出师之盛况可说亘古未有，可知隋朝在建国初期造船航海业的高度发展及水师战船规模的庞大。

唐朝贞观年间，唐太宗以高丽侵略新罗为由，决意兴兵朝鲜攻打高丽，命将领张亮率大军40000人，战船500艘，自山东莱州泛海去平壤。龙朔三年（公元663年），日本出兵入援百济并包围当地大唐的驻屯军，唐朝派遣大将刘仁轨渡海增兵支援，在朝鲜白江口与日本战船进行决战，四战皆捷并击沉和焚烧日战船400余艘，日本舰队全军覆没。此次战役以唐、新罗联军的彻底胜利和百济的灭亡告终。这是中国史上和日本军队进行的第一次战争。7世纪，唐朝在山东的莱州（今山东掖县）设立东莱守捉（唐代戍边部队的基层单位），在登州（今山东蓬莱）设立平海军，以加强对山东半岛沿海的控制。

2. 宋、辽、金朝

宋朝时期，古代海防体系又有所发展。清朝儒者惠士奇在其《防海》一文中说："防海之法，莫详于宋：有海军，有海船，有海道。"① 宋朝经济重心南移后，海盗增多，史书有了海防水寨的最初记载。为了应对来自海上的军事威胁，南宋政府加强了对海防的统一领导，设立了沿海制置司。在防御上，实行了以海上防御为主的海防战略，在沿海建立了多支水军，并建立了相应的警戒和通信系统，同时又依靠巡检、县尉等其他政府武装以及民间武装，在千里海岸建立起了严密的防御体系。

宋朝在战船的设计与功能方面获得迅速发展。宋仁宗时命曾公亮等官吏编修的《武经总要·水攻》篇中，除了有多种战船的文字记载外，还绘有各种战船的图像，从中我们了解到宋朝的战船，已经从内河舟船走向了海船发展的鼎盛时期。宋朝主要战船有如下种类：

（1）楼船

楼船结构、功能和外形与汉代相同，属巨型战舰，不利快攻，

---

① 贺长龄：《皇朝经世文编》卷八十五，兵政十六，海防下。

常为指挥官座舰。南宋初年，宋高宗就是乘坐楼船避过金兵的追击。

(2) 巨舰

巨舰为水师的指挥舰之一。其甲板上建 5 层船舱，高约百尺，可乘战士数百人之多。每楼层四周皆开窗口，可以箭弩兵器攻击敌舰用。在船舱左右各 50 尺处，各安置 1 支长 6 尺拍竿，以攻击逼近的敌船。据载南宋高宗时，水军就曾以一种多轮的巨舰，大败当时盘踞于洞庭湖的水寇杨幺叛军。

(3) 车轮舸

所谓车轮舸即"以轮激水，其行如飞"。其最大的优点在于行速疾快，此型船为宋朝水军所重用，应是在北宋末年间。另在南宋初年，名将韩世忠在黄天荡一役中，大败金兵所使用的主力战船"飞轮八楫"快船，应该也是此型战船的改良型。

(4) 海鹘

海鹘是一种可以在恶劣气候下作战的攻击舰，船型前宽后窄舷低艉高，是仿照海鹘的外形而设计建造的。两舷各置 4 到 8 具浮板，其形宛如海鹘翅膀，功能在使船于惊涛骇浪之中能平稳航行。甲板上船舱均以防火攻之生牛皮围覆成女墙状，上有弩窗箭孔可行攻击外，并可防止巨浪重击木制的船体而影响航行安全。

(5) 走舸

走舸行动灵活，来往自如似海鸥，可出其不意攻击敌人，为小型快速攻击舰之一。船舱上有半圆形棚架，棚上有弩窗箭孔以便攻击敌人。艏宽艉窄，艉两侧凸出似鱼尾，并建有可隐蔽、类似小型碉堡式的船舱。甲板上两侧建有弩窗箭孔之女墙，两舷开有桨孔。此型舰之战士多为能征善战的勇士，平时多在船舱内活动，遇战事时则登上甲板作战。

（6）艨冲

艨冲结构、功能和外形与汉代相同。此种战船在北宋时仍为简单的型式，但在南宋以后则逐渐发展成多桨而构造较复杂的不同类型艨冲，为南宋名将虞允文在采石矶一役攻击金帅完颜亮的主力型战船。

另外在宋朝水军中，还有"飞虎战舰"及"无底战船"（湖船底，战船盖、海船艄艉）等型战船的名称。

北宋时期"海船"获得快速发展。北宋年间为了遣使出访高丽，曾建造了巨型的"神舟"海船，该船长达37丈，宽7丈5尺，系尖形船底，并装置了数座高达10余丈的风帆桅杆，可见当时造船技术之精良。

宋朝南渡之后，宋、金之间发生多次水战。

黄天荡之战。北宋"靖康之难"钦、徽二帝被掳，高宗南渡偏安。金帅完颜宗弼率军乘舟顺江大举南下，肆掠金陵后北归之时，遭南宋名将韩世忠，以海舟在镇江焦山、金山一带拦截，并将金兵逼入黄天荡，围困长达40余日几乎擒获宗弼，后来金人听计掘开老鹳河，迂回绕至宋军上游，用小船纵火焚烧，重创了宋水军庞大且运转不便之海舟战船。

采石之战，或称采石矶之役。绍兴三十一年（1161年），金海陵王完颜亮率领60万大军（号称百万）进攻南宋，横越淮河，进迫长江。朝廷起用叶义问主持江淮，中书舍人虞允文参谋军事，汤思退主管临安，全面抗敌。十一月八日，中书舍人虞允文刚被委任为督视江淮军马府的参谋军事，就被派往采石矶犒师，而海陵王大军亦正图谋由采石矶渡过长江。虞允文亲自督师，鼓舞士气，把散处沿江各处无所统辖的军队迅速统合起来，沿江布阵。交战时，由于宋军掩匿山后，完颜亮军一开始以为采石矶无兵，等乘船快到了长江南岸时，才措手不及看见宋军列阵相待，当地人民观战助威者十数里不绝。金军此时已无退路，只得前进。宋水军多踏车海鳅船，大而灵活，而金水军船只底平面积小，极不稳便，宋船乘势冲击，金兵大败。第二天，虞允文又派水军主动进攻长江北岸的金军渡口。金军船只出港，宋军用强弩劲射，又使用船载霹雳炮（一种用火药弹丸的投石机）轰击，大败金军。完颜亮见渡江失败，只得退回和州，接着进兵扬州。十一月下旬，在瓜洲渡（今江苏省扬州市古运河下游与长江交汇处）会集水军，准备渡江。完颜亮一度命令金军3天内全部渡江南侵，否则处死，这就促使其内部矛盾激化，为部将完颜元宜所弑。十二月初，东路金军退走，宋军乘机收复两淮地区。

唐岛之战。南宋绍兴三十一年（公元1161年）十月发生在今青岛市黄岛区附近黄海海面的唐岛（又名陈家岛）附近。绍兴三十一年，完颜亮伐宋，以苏保衡为浙东道水军都统制、完颜郑家奴为浙东道副统制，由海路攻击南宋首都临安。金军航行到松林岛遇风，停泊在岛间。十月，宋将魏胜占海州（今江苏省连云港市），金兵围海州，军营绵延数十里。李宝带领水师登岸攻击金兵，金兵撤退。十月丙寅（阳历11月16日）凌晨，李宝率水师攻击金国水师，宋、金船舰接近作战距离，宋水师鼓声震天。金军大惊，仓促接战，阵形混乱，船舰被风浪推动，聚在一隅。李宝命火箭环射金船舰，延烧金舰数百艘。火没烧到的金舰上金兵还想抵抗，李宝命壮士跳上金舰，短兵击刺，将金兵杀于舟中。金主帅完颜郑家奴见大势已去，赴水而死。其统军符印与文书、器甲以及军粮数以万计都被缴获。这次海上胜利，同陆上的采石之战的胜利一起，使宋转危为安，此后出现了宋、金南北长期对峙的局面。唐岛之战也作为首次应用火药火器的古海战而永载史册。

3. 元朝

元代造船业获得重大发展。如与同时代的阿拉伯造船技术相比，阿拉伯的船体小，仅一桅一舵，没有铁锚。造船木料坚脆，铁钉钉不进去，容易震裂，是用椰索缝合法连结船板，船底不涂沥青，只用鱼脂油，再加絮捻缝。船不坚固，在印度洋航行，易沉没。而中国船远远优越于阿拉伯船，船很大，竖4桅，张4帆，也有的有2桅，可以随意竖起或放下。船上有水手200人，足载胡椒五六千石。无风时，行船用橹，橹很大，每具须用橹手4人操作。造船木料用冷杉木，有坚固的主甲板，甲板下有60个小舱，人住在里边很舒适。舵也很结实。船用好铁钉缝合，有两层板叠加于上，以麻和树油掺和涂壁捻缝，绝不漏水。每只大船后曳两只小船，每小船有船夫四五十人，操棹而行，以助大船。另有小船10余只协助大船，如抛锚、捕鱼等事。

元代的四桅远洋海船在南洋、印度洋一带居于航海船舶的首位，载重量在300吨上下，在继承宋代造船技术基础上又有所进步。《马可·波罗游记》记载，至元二十八年（公元1291年）元世祖忽必烈指派马可·波罗从泉州起航，护送阔阔真公主至波斯成婚："命备船十三艘，每艘具四桅，可张十二帆。"元代四桅船为明代建造五桅战船、六桅座船、七桅粮船、八桅马船、九桅宝船创造了十分有利的条件。

元代海上贸易发展繁荣。统一江南的战争尚未结束，忽必烈便诏谕海外国家："诚能来朝，朕将宠礼之；其往来互市，各从所欲。"① 至元十四年（公元1277年），元沿宋制建市舶司。10年后，元朝政府组建完整的海上贸易机构，设"行泉府司"，下辖镇抚司、海船千户所、市舶提举司，"统海船万五千艘"；还建立了海上驿站，专为宫廷运送"蕃夷贡物及商贩奇货"；并组建"海船水军"，保护航道安全。这些举措，无疑有利于海上贸易的发展。有元一代，从非洲东海岸、日本、朝鲜、南洋各地都有使团、商队来到大都。东南沿海对外港口则有直沽港、密州板桥镇港（胶州湾北岸）、刘家港、庆元港（明州）、温州港、泉州港（刺桐港）、广州港等。当时与泉州有往来的国家和地区约近百个。

元代海上漕运发达。元朝定都大都，政治军事中心在北方，北方连年战祸，经济凋敝，而南方经济迅速发展，南粮北运成为必然。但传统漕运过江入淮耗费成本很大，海上漕运势在必行，北洋漕运就成为元代重大政务。北洋指长江口以北的东海、黄海和渤海水域。元丞相伯颜平江南时曾命朱清、张瑄将宋库藏图籍自崇明州从海道运至大都。伯颜据旧时运图书事，以为海运可行。至元十九年（公元1282年）命上海总管罗壁、朱清、张瑄等造平底船（即沙船）60艘，运粮46000余石，由海道运至京师。元代海漕逐渐取代河漕由此开始，"终元世海运不废"。京师内外官府、大小吏士、黎民百姓都仰赖于北洋漕运用粮。海上漕运历经探索改进，逐渐形成成熟的航路。自刘家港（江苏太仓浏河镇）—崇明—黑水洋（江苏连云港附近）—成山—转西至刘公岛—直沽。如一路顺风顺水10天可到。船工在易出事故的险滩危崖上，白天立旗缨，夜里

---

① 《元史》卷十，本纪第十，世祖七，中华书局1976年版，第204页。

悬大灯。这是我国海上航标信号运用的早期实践。海上漕运起初一年一运，后增至一年两运。运量最高时，一年漕运米粮达352万余石。朱清、张瑄初行海运时，大船不过千石，小船不过300石，元仁宗延祐（公元1314—1320年）以来，大船八九千石，小船2000余石。

元代海军的建立经历了一个漫长的过程。以骁悍精骑著称于世的蒙古军进入中原和进兵西域，碰到了江河障碍。为了克服江河障碍，开始建造少量小型船只（如筏、革舟等）和进行一些小规模的水战。

蒙古灭金后，蒙古军与宋军的作战日趋频繁。宋军依靠水军，控制江淮防线，抵御蒙古军南下。为了适应战争形势的发展，蒙古军开始着手建立水军。在此前的太宗四年（公元1232年），信安（今河北霸州以东）的张进率水军降，蒙军开始有了水军。两年后，张进战死，这支水军由其子张荣实统领，但实力还不强。蒙古太宗十年（公元1238年），蒙古军将领解诚在与宋军作战中，夺得宋船千余艘，以功被授水军万户兼都水监使，建立起第一支较大规模的蒙古水军。

蒙古水军建立后，在战斗中逐渐成长壮大。先后进行巢湖水战（公元1238年）、瞿塘水战（公元1239年）、夔门水战（公元1240年）、淮水水战（公元1250年）、马湖江水战（公元1258年）、黑石峡水战（公元1259年）等，多数取得胜利，俘获战船少则数十艘、多则数百艘。蒙古宪宗八年（公元1258年），史天泽指挥的嘉陵江水战，出动战船千余艘，三战三捷，大败宋将吕文德，缴获战船百余艘。当时蒙古水军已初具规模，战斗力已日渐增强。

元代水军的大发展是在忽必烈即汗位以后。蒙灭金后，与南宋接壤对峙，双方的形势大体与之前金、宋对峙时相仿。南宋根据当时形势，采取以汉中保巴蜀，以襄樊保武汉，以两淮卫长江的战略方针，依靠水军优势抵御元军的进攻。从某种意义上说，金朝之所以未能吞灭南宋，是因为水军力量薄弱。有鉴于此，忽必烈十分重视水军的建设，在他即位当年的七月，任命张荣实为水军万户，统领驻河阴、孟州、滨州、棣州、沧州海口等地的水军1700余人。随后，忽必烈命部将董文炳造战船500艘，训练水兵，又命其他围困襄阳的部队利用战隙教习水战，扩充水军。

蒙古至元五年（公元1268年），蒙军进围南宋北部重镇襄樊，揭开了大规模攻宋战争的序幕。至元七年（公元1270年），刘整等奉命建造战船5000艘，训练水军70000人。3年后，又在汉水流域的兴元（今陕西汉中）、金州（今安康）、洋州（今洋县）和汴梁造船2000艘，编练水军50000余人。第二年，又在汴梁造战船800艘。根据史料统计，当时的元水军，除襄樊前线有刘整和失里伯所部水军160000人左右、战船万余艘外，还有四川也速解儿、按敦、胶州湾蒋德及淄、莱张马哥等部的水军。随着水军实力的发展，忽必烈调整和加强了前线水军的指挥机构，把襄樊前线的蒙古4万户府辟为水军镇抚。

由于元水军的迅速壮大，攻宋战争势如破竹。至元十年（公元1273年），元军攻陷襄樊。次年九月，元军从襄樊出击。十二月，伯颜率战舰数千艘占领汉口，然后顺流东下，直逼建康。第三年七月，元军阿术率战船数千艘蔽江而下。镇江一战，南宋溃不成军。元水军乘胜出长江口，在长江口收编了渔民武装首领朱清、张瑄所部数千人，获海船500艘。然后，元军浮海南下，直捣临安。接着，又进攻闽粤。

祥兴二年（公元1279年），南宋残军与蒙古元军在新会崖门海域展开了一场历时20多天的大海战，双方投入兵力达50余万，动用战船至少在2000余艘，最终宋军战败全军覆没，战船沉没无数，南宋少帝赵昺由丞相陆秀夫背负在崖山奇石上投海殉国。此役亦是中国历史在改朝换代时少有的一次惨烈大海战。7日后，10余万具尸体浮海。此次战役之后，宋朝也随之覆灭。

元朝统一中国后，元水军在国内的任务由作战转为镇守要地。长江沿线的鄂州（今湖北武昌）、黄州（今湖北黄冈）、江州（今江西九江）、建康（今江苏南京）、镇江、江阴，以及沿海的华亭（今上海淞江）、澉浦、定海、庆元（今浙江宁波）等地，均有水军镇守。

忽必烈在国内战争尚未完全结束的情况下，就着手进行海上扩张的准备。为适应海上作战的需要，在福建建立了沿海水军万户府，招募水兵，练习海战。至元十一年（公元1274年）和至元十八年（公元1281年），忽必烈两次发兵进攻日本。至元十九年（公元1282年），从海上进攻占城（今越南南部）。至元二十四年（公元1287年），又从海上进攻安南（今越南北部）。至元二十九年（公元1292年），跨海南征爪哇。这5次海上用兵，动用了大量兵力，官兵少则5000人，多则14万人；战船少则500艘，多则3400艘。元海军实力强大，具有较强的远海作战能力。

元成宗登位（公元1294年）以后，元水军的建设和作战活动越来越少。虽然在大德十年（公元1306年）置昆山、嘉定等水军万户府，至正十四年（公元1354年）立镇江水军万户府，次年又设黄河水军万户府，但这些水军只在镇压各地起义军时进行过一些小规模的战斗，且多为义军所败。元朝后期，政治腐败，统治者内部矛盾激化,诸将混战,北方陆上战事频繁。统治者不仅无心顾及水军的建设,而且常调水军去北方参加陆战,致使水军兵力削弱,缺乏训练,每况愈下,由盛而衰。

元朝海军由盛到衰,是由当时的政治、军事和经济条件所决定的。同晋灭吴、隋灭陈、宋灭南唐一样,要克服长江天堑,消灭对方较强大的水军,非建立一支相应的水军不可。于是,元朝海军便在战争中诞生和发展壮大起来。一旦战争结束,元朝统治者便将部分水军转入航运,如张瑄、朱清所部水军就承担了将江南的大批粮食和物资北运大都的任务。至元三十一年(公元1294年),将领囊加岁和万户孙伟请调战船1000艘参加海运。这就必然削弱了水军的力量。对外扩张的损失,也是元水军力量衰败的一个重要原因。仅以第二次攻日战争为例,损失的兵力就多达10万余人,战船4000余艘。

四 明朝海防思想和制度(14—17世纪)

明朝时期,中国的海防体系更加严密。台湾学者王家俭在《清季的海防论》中提出:"我国……历代对于海防经营大都不如塞防经营那么锐意而积极。……至于防海之法,虽有宋代渐趋整备之说,可是,宋代的海防究不如明代海防严密。"[①] 清朝学者蔡方炳在其《海防篇》中说:"海之有防,历代不见于典册,有之自明代始,而海之严于防自明之嘉靖始。"[②] 明朝有完备的海防体系,不仅因为明代出现"海防"一词,而且明朝抵御外敌从海上入侵,形成

---

① 王家俭:《清季的海防论》,中华文化复兴运动推行委员会《中国近现代史论集》,台湾商务印书馆1985年版。
② 蔡方炳:《海防篇》,《小方壶舆地丛钞》第九帙,光绪十七年著易堂石印本。

了相对完整的防御体系。范中义认为:"明以前,除元朝有抵御外敌从海上入侵的作用外,其余多是对付本国的敌对势力或其他民族,而且仅限于个别地域,没有完整的防御体系。因此这些不过是海防的萌芽,真正形成防御体系,则在明代。"[1]

明朝海军在宋、元的基础上有很大发展,进入了我国古代海军发展的鼎盛时期,表现在战船种类齐全,质量优良;武备先进,火器的比重已超过了冷兵器;航行和战斗能力均有显著提高。

明朝战船建造水平体现在郑和宝船。根据记载,宝船是郑和船队最大者,长44丈,阔18丈,中者长37丈,阔15丈;宝船有9桅12帆,有16橹至20橹,舵重4800多公斤。宝船造价之高,需支动天下13省钱粮缴纳,方才够用。宝船建造宏伟,船上建有头门、仪门、丹墀、滴水、官厅、穿堂、后堂、库司、侧屋,另有书房、公廨之类,都是雕梁画栋,象鼻挑檐,宝船俨然同陆上帅府一般,乘风破浪如履平地。

明朝时期的福船、广船也发展成为著名的战船。戚继光抗倭和明末郑成功收复台湾与荷兰的战役中,福船、广船都曾经大放异彩。戚继光自奉令操练水师,亲自督造适合作战的3种福船:大福船、海苍和艟桥。《明史》中记载:"大福船能容百人,底尖上阔,首昂尾高,帆桅二座,傍护以板,上设女墙及炮床。船中为四层,下实土石,次寝息所,次左右六门,中置水柜,扬帆炊爨皆在是,最上如露台,穴梯而登,傍设翼板,可凭以战。矢石火器皆俯发,可顺风行。"[2] 大福船靠风力航行,在顺风顺流下更能发挥威力。海苍船比大福船稍小,艟桥船比海苍船又小。大船

---

[1] 范中义:《明代海防述略》,《人大复印资料·明清史》1990年第7期。
[2] 《明史》卷九十二,志第六十八,兵四,中华书局1974年版,第2269—2270页。

吃水深，作战时遇到逆风逆流、浅水航行，受到阻力时就得用小型战船来作战。

广船在抗倭战役中也一样受到戚继光相当的重视，尤其是广东东莞的"乌槽"和新会的"横江"，更是戚家军的主力战船之一。乌槽船底涂黑漆，船形上宽下窄。"广东船，铁力木为之，视福船尤巨而坚，其利用者二，可发佛郎机，可掷火球。"[1] 敌船遇火球燃烧沉没，敌船接近，广船则以其巨大船体撞之，使之粉碎。

明朝水军纳入卫所体系，受当地防区指挥官的指挥。水军编制，在单船之上有"帮"，每10只为一帮。帮之上有"䑸"："或百或五十联为一䑸"。各䑸分属沿海各水寨，每寨至少一䑸。计有福建5水寨、浙江宁海6水寨、山东莱州8水寨等，共计48个水寨。[2] 此外，沿海每百户所和巡检司还各配备战船2条，每千户所10条，每卫50条。

按照卫所制的规定，部队平时在各自的卫所进行训练、屯垦和维持社会治安，战时则抽调组成战斗部队，在总兵官统领下参加作战或其他行动。水军也不例外，如七下西洋的郑和舟师，就是抽调沿海卫所水军和运粮官军的官兵组成的。明代中期以后，出现了募兵制。由募兵组成的军队，如有名的"戚家军""俞家军"也各有一支精干的有战斗力的水师。

明朝成祖时，派三宝太监郑和率庞大船队七次下西洋（公元1405—1433年）。28年中，史料记载航行到达今东南亚、南亚、中东伊朗和阿拉伯等地，最远曾到达非洲东岸和红海沿岸等共30多个国家和地区，成为世界航海史上的壮举，标志着明朝在当时造

---

[1] 《明史》卷九十二，志第六十八，兵四，中华书局1974年版，第2268页。
[2] 《明史》卷九十一，志第六十七，兵三，中华书局1974年版，第2243—2249页。

船、航海技术已到巅峰。郑和下西洋在中国海军史上写下了光辉篇章。

第二节 清代前期海防思想和制度

清代前期的海防思想主要体现在海禁政策方面。海禁政策是清代前中期重要的对外战略之一。清代海禁战略，除了其中一些措施是清初为应付东南沿海一带反清势力的暂时对策之外，其他都是清廷长期战略思想的体现。清代的海禁战略，既继承了明代以来的传统，也比前代有所发展。

一 清代海禁政策内容

清代海禁政策经过不断制定、修正，形成了包括移民、军需品出口、商品进出口和民船出入等多项内容。

第一，清代前期实行严格的禁止出洋和限制返回祖国的移民政策。

顺治三年（公元1646年）颁发的《大清律例》规定："凡官员、兵民私自出海贸易及迁海岛居住耕种者，均以通贼论，处斩。"[①] 这是一条关于禁止移民的具有宪法地位的最高规定。为实行这一禁令，清廷制定了一系列相应的、严密的查禁措施。对于漂洋船只的出口地，清廷严加限制，福建归厦门一处出口，广东归虎门一处出口，其他口岸一概不准放行。凡是出洋船只，事先都须登记、发照和联保。地方官须对洋船只的船主、舵工、水手、头碇以

[①] 参见陈碧笙主编《南洋华侨史》，江西人民出版社1988年版，第409—410页。

及客商，要登记姓名、籍贯，再由地方官发给印照，册内写明在船人员的年龄、相貌，出洋人员分别由邻、族、乡、保切实进行保结，再令同业三船连环互结。印照最后呈报给上级文武官员，这些官员要按照册内提供的资料进行详查。如有人数、年貌不符者，立即查究。在商船从海外归国时，同样要按照印照资料进行复核，如有去多回少，或诡名顶替，先将船户等人治罪，再严加惩处留住家属。对违反禁令出洋者，惩处措施相当严酷："如所去之人留在外国者，将知情、同去之人枷号三个月，杖一百。该督抚行文外国，将留下之人，令其解回，即行立斩"[①]。

清代东南沿海一带有众多自发的海外移民。大体而言，前期以政治避难为主，后期则以出海谋生为主。清廷对这两类海外移民，一概认定为"叛逆"或"自弃王化"的非法行为。对这些海外移民，康熙晚期清廷执行了限制归国的政策："出洋贸易人民，三年之内准其回籍。……三年不归，不准再回原籍。"[②] 雍正时期清廷继承了康熙时期限制海外移民归国的政策，雍正五年清帝雍正指出："朕思此等贸易外洋者，多系不安本分之人。若听其去来任意，不论年月之久远，伊等益无顾忌，轻去其乡，而飘流外国者愈众矣。嗣后应定限期，若逾期不回，是其人甘心流移外方，无可悯惜。朕意不许令其复回内地。"[③] 乾隆时期，清廷对海外移民归国的政策有所放宽，对不同年代的移民作了区分。乾隆元年清廷规定："在番居住闽人，实系康熙五十六年以前出洋者，令各船户出具保结，准

[①] 台湾中研院史语所：《康熙五十六年兵部禁止南洋原案》，《清代内阁大库原藏明清档案》第39册。
[②] 《清文献通考》卷三十三，商务印书馆1936年版，第12页。
[③] 卢坤、邓廷桢：《广东海防汇览》卷三十四，禁奸一。

其搭船回籍","五十六年以后私去者,不得徇纵入口"①。

清廷的移民政策,特别是限制归国政策,使大批私自流亡海外的侨民失去了中国政府的支持,实际上变成了"亡命天涯"的海外弃民。乾隆五年(1740年10月9日至22日),荷兰殖民者在巴达维亚杀了近万名无辜华侨,以致鲜血染红了河水,史称"红溪惨案"。处于国力鼎盛的乾隆清政府对此事居然没有作出任何反应,既不行文谴责,也没有贸易制裁,更别说出师问罪。反倒认为这些海外侨民是"内地违旨不听招回,甘心久住之辈,在天朝本应正法之人,其在外洋生事被害,孽由自取"②。

第二,禁止向海外出口大米、铁器、硫黄等战略军需物品。

大米是南部沿海居民的主食,也是海外移民粮食的主要来源。为了防止海外移民能长期生存下去,清廷禁止大米出口,以断绝对流落海外侨民的接济。因此如从海防战略而言,粮食的重要性甚至超过武器,控制了粮食出口,对于解决海上威胁具有釜底抽薪的作用。清初曾规定,"如违禁装载五十石以外贩卖者,其米入官"③。雍正八年(公元1730年)清廷重申大米出口禁令:"将米谷偷运出口贩卖,并无接济奸匪情弊者,计算偷运米一百石以上,谷二百石以上,照将铁货潜出海洋货卖一百斤以上例,发边卫充军;米一百石以下,谷二百石以下,照越渡关津杖一百,徒三年。至有米不及十石,谷不及二十者,照违制例杖一百,仍枷号一月示警。为从及船户知情者,各减为首一等。米谷船只照例变价入官"④。

---

① 《大清律例》,《兵律·关津》,"私出外境及违禁下海"条。
② 第一历史档案馆:《乾隆朝朱批奏折》外交类,第353号。
③ 梁廷枏:《粤海关志》卷十八,禁令,广东人民出版社2014年版,第357页。
④ 卢坤、邓廷桢:《广东海防汇览》卷三十五,禁奸二。

清廷对其他战略军需品——兵器、铁、硫黄，同样严禁出口。康熙二十三年（公元1684年），清廷规定：出海贸易，不准将硝磺、军器等物私载出洋。次年又议准："兵器向来禁止，不准带往卖给外国，但商人来往大洋，若无防身军器，恐被劫掠。嗣后内地贸易商民所带火炮军器等项，应照船只大小、人数多寡，该督酌量定数，起程时令海上税收官员及防海官员查明数目，准其带往，回时仍照原数查验。"①但到康熙五十八年（公元1719年），武器出口令更加严厉起来，该年规定："一切出海船只不许携带军器。"②次年又规定："沿海各省出洋商船炮械、军器概行禁止携带。其原有炮械、军器具令地方官查收。自禁之后，如有商船仍带炮枪军器出海者，查出，从重治罪。其地方官一并严加议处。"③雍正六年（公元1728年）规定："往贩东洋、南洋大船携带鸟枪不得过八杆，腰刀不得过十把，弓箭不得过十副，火药不得过二十斤。"④雍正七年（公元1729年）清廷规定，将废铁数量100斤以下者贩运到海外者，杖100，徒3年；100斤以上，发边卫充军。如果卖给海盗，拟绞监候。后来清廷将禁贩铁的范围扩大到铁锅，甚至有人建议将铁钉、船桅上的铁箍也列入禁运范围。硫黄作为制造火药的基本原料，清廷也禁止其进出口。乾隆三十四年（公元1769年），清廷允许硫黄进口，但不许出口。

第三，清初为应对反清势力，实行"禁海""迁界"政策，断绝了一切海外贸易。

在台湾郑氏集团覆灭后，康熙二十四年（公元1685年），清廷

---

① 梁廷枏：《粤海关志》卷十七，禁令，广东人民出版社2014年版，第346页。
② 雍正《大清会典》卷一百二十九，海禁。
③ 同上。
④ 卢坤、邓廷桢：《广东海防汇览》卷三十五，禁奸二。

在江苏、浙江、福建、广东四省设立海关，开海贸易。后来出于对海防的考虑，清廷在乾隆二十二年（公元1757年），规定只准在广州一口对外通商。

在广州一口通商体制下，清廷制定了诸多的对外商管理条例：禁止外商在广州过冬；外国兵船应停泊外洋，不得进入虎门；外商到广州后均令寓居行商商馆，并受行商约束管理；不得私带妇女入商馆，不得携带枪械及其他武器；行商不得向外商欠债；外船引水、采购，应由澳门同知发给牌照，不准私雇；外商具禀事件，应一律由行商转禀；禁止外商乘坐肩舆；外商在内河驶用船只，应分别裁节，并禁止不时闲游。

清代一口通商政策，是传统朝贡贸易的一部分，是一种国家垄断贸易政策，是海禁政策的重要组成部分。

第四，对包括渔船和商船的民船建造规模和出入进行严格限制，把渔船和商船都纳入海防管理体系之中。

清廷规定渔船只许单桅，梁头不得超过1丈，船工水手不得超过20名，打鱼不许超越本省海域。康熙四十六年（公元1707年），在闽浙总督的提议下，清廷议准："福建渔船桅听其用双、用单，各省渔船只许用单桅。"① 雍正四年（公元1726年）又规定：靠近福建的惠潮地区的大渔船梁头不得过8尺，打造此等大渔船不许首尾高尖；小渔船梁头不得过5尺，不得装钉盖板等装置，从前有者，尽行拆去。

商贾船只只许用双桅，梁头不得过1丈8尺，船工、水手不得过28名；1丈6尺梁头者，不得过24人；1丈四五尺梁头者，不得

---

① 卢坤、邓廷桢：《广东海防汇览》卷三十三，方略二十二。

过 17 人；1 丈二三尺梁头者，不得过 14 人。

对民船建造从规模上进行限制，目的在于防止渔船和商船的性能优于战船。商船规模小，不能冲风破浪，无法航行远洋；渔船规模小，没有盖板御浪，只能在近岸浅海捕捞。把民船规模限制在较低水平，使它们的活动范围局限在近海领域，并无法越洋逃逸。最终导致各类民船活动被完全置于水师的监督之下。

二 清代海禁政策评价

清代海禁政策是多种因素综合的结果，是清廷长期坚持陆权战略的重要体现。只有廓清海禁政策具有的陆权性质，才可以较为合理地评价之。

清代的海禁战略，如从单纯的管理角度而言，对移民的出入境管理、外商的管理、外贸的管制，达到了较高的专业化水平，与近现代海关管理几无区别。正如有研究者指出的那样："清代前期，是正当贸易与海盗式掠夺并行的时代。世界市场尚在形成发展过程之中，规范的世界贸易规则与秩序，亦尚在形成之中。从发展的角度看，清代前期海关管理的许多规则，大体与当时国际上基本认同的管理规则相近，并直接被后来的中国近代海关所继承。并且，清代前期海关的上述管理措施，并非借鉴其他国家的管理经验或模式，很大程度上体现了中华民族在管理近代国际贸易方面的创造力。其意义不可低估。"[①]

清代的海禁战略，如从维护国土安全的效用而言，则取得了重大成果。这种在陆权与海权之间取舍而偏重陆权的海禁战略，

[①] 黄国盛：《清代前期开海设关的历史地位与经验教训》，《东南学术》1999 年第 6 期。

在中国的大多数历史时期获得了重大效用。在有限的国力前提下，历代政府都注重陆上安全，特别是在中国伟大的朝代诸如汉、唐大一统时代，其成功之处在于牢牢控制东亚大陆的同时，还向北亚、中亚大幅伸张陆权：汉代张骞"凿空"西域，贰师将军李广利远征中亚国家大宛，兵威所及，降西域三十六国；唐代在中亚的拓展更远达巴尔喀什湖、克什米尔。作为开疆拓土超过此前历代王朝的清王朝，在经略北部、西部边疆方面，也继承了汉、唐以来注重西北陆权的传统，历经顺治、康熙、雍正和乾隆四代帝王的励精图治，把大漠南北蒙古、额鲁特蒙古、天山以南回部悉数并入中华版图。乾隆中期后，清代兵力投送更远达哈萨克（今哈萨克斯坦）、布鲁特（今吉尔吉斯斯坦）、浩罕（今乌兹别克斯坦）、拔达克山（今塔吉克斯坦与阿富汗东北地区）等中亚腹地。在西南边疆方面，清廷两次出兵廓尔喀（尼泊尔），进一步加强了对西藏管理的力度。清代强化西北、西南陆权的战略，使我国的领土疆域越出明代以长城为领土基准的狭隘局面，奠定了现代中国国土的基础。即使在晚清时期割地赔款、民初独立风潮愈演愈烈的情形下，清代中期以来形成的中国疆域并未崩解，基本上保住了历代中国领土的内核，新疆、西藏、内蒙古这些边疆地区最终真正融入了中华民族大家庭。从这一意义而言，清代注重陆权的战略是极其成功的。

然而，清代海禁政策在鸦片战争之后逐渐显露弊端。16世纪以来，欧洲因海权而崛起，而以陆权为主的清代传统的海防、海禁政策，在军事上形成了陆基海防体制。这种体制下，战略上以近海防御战为主，战术上则重视岸防，以火炮、炮台为主，最终形成"以陆制海"的局面："据高临险，相地制宜，修筑炮台城垣，添设汛地，建造营房，分拨官兵，以靖海洋。"① 这种陆基海防体制，由于主要依赖岸上火力，导致战舰不仅规模小，而且也无力提供用于远航的供给。清代军队由于缺乏具有与西方海军相当的可以用于机动作战的海军，在军事战略上渐失主动性。19 世纪中期以后，欧西国家以船坚炮利的海军闯入中国沿海，我国东南国门洞开。随着近代以来中国传统社会系统崩溃，边疆危机加深，我国开始从传统的陆权战略被迫向海权、陆权并重转变，这一转变过程依然方兴未艾。

第三节　中国古代海防思想和制度评价

中国海防思想和制度从其产生、形成到繁荣和衰落的过程，经历了两千多年的历史。如何对其进行评价呢？

一　中国古代海防思想和制度的背景

中国古代实施的海防战略附属于陆权战略有着深刻而复杂的背景，具体包含以下几个方面：

第一，地理环境因素。人类社会的存在和变迁，是在特定的时间和空间中实现的，历史的演进过程亦是在特定空间中进行的，人类赖以生存的地理环境便是这一特定空间。陆权理论最早出现在那些陆地面积比较大且具有良好自然环境的国家。中国是产生陆权思想较早的国家之一。

中国国境除北方外，其他方面均受到大自然的很好保护：西面和西南面的昆仑山和喜马拉雅山是一道人力无法逾越的屏障，在东

---

① 《清圣祖实录》卷二百七十七，康熙五十七年二月庚寅条。

面、东南面和南面，中国又受到大海的天然保护。中国从地理环境而言，自然禀赋虽然具有海陆复合型的特征，但传统中国没有向海洋发展的动力，因而更具大陆国家色彩。如与海洋性国家相比，中国的地理环境构成一种自我循环的封闭系统。中国是一个大陆国家，人们主要的生活空间都是陆地，而不是像希腊人那样生活在海洋。明朝以前，外界对中国的影响是微不足道的。正如黑格尔所说，世界上这么多文明古国中，"只有黄河、长江流过的那个中华帝国是唯一持久的国家。征服无从影响这样一个帝国"。这是地理环境的封闭所造成的，同时也是中华文明与世界其他文明的重要区别之所在。

第二，政治生态因素。中国从秦汉以来，进入了稳定的帝制时代。专制政体要求控制人们的所有言行，从事农业生产的人们，容易被政府控制和利用："凡人之有恒产与恒业者，守坟墓，乐廛肆，有田者供租税，有丁者供力役，皆良民也"；而海洋经济下从事海洋贸易的主体具有独立、冒险、开放的特征，被统治者看作"不安本分之人"，政府难以掌控其行为，因而与专制政体生态天然不相符合："夫人而嗜利忘祸，轻其身，路视其父母妻子，贪狠不仁，试不测之险于侥幸一旦之获利，亦何事不可为！且涉大海如衽席，习见夫犷悍佩刀之俗，浮浪倏忽若鸟兽之聚散，不以故国乡井为念，久相忘于法制禁令之严，又且丧其所有，穷困无归，更何所不为，而尚有忌惮哉。"①

第三，经济环境因素。中国自古以来在经济上是以农立国，并以自给自足的小农经济为主要特点。农民习于守土而不喜冒险，安

---

① 严如煜：《洋防辑要》（三），台北学生书局1985年版，第1298—1299页。

于保守而怯于进取。"安土重迁，黎民之性；骨肉相附，人情所愿也。"① 这种安土重迁的文化特点使农民即使是在失去土地、流离失所时，也仍然以重新获得土地作为奋斗目标，而不会把走向海洋视为谋生之路。在这种内向型经济框架下，重陆轻海的政策成为一种必然选择。中国古代先民虽然创造了高度繁荣的内陆文明，但海洋文明却一直受到压抑，未能正常发展。从远古时开始，中国就一直以陆地农业经济为主，海洋经济从未处于重要地位。中国从神农、黄帝起，尤其是儒家思想成为主流思想之后，农本商末思想就占据主导地位。正如黑格尔所说："以海为界——像中国便是一个例子。在他们看来，海只是陆地的中断，陆地的天限，他们和海不发生积极的关系。"②

第四，技术水平因素。作为农耕文明的结果，技术发明在总体上以开发土地为基本导向，海洋造船技术在整个帝国技术系统中不占重要地位，甚至对越出一般水平的航海技术还要进行限制。从汉代以来，中国人就开辟了通往印度洋的航道，远洋造船技术达到了当时世界的先进水平，但直到清代，中国航海技术虽有发展，但基本上没有获得重大突破，依然以河道、岸航为主，缺乏穿越大洋的航海技术。

第五，整体世界观因素。中国的世界观以"天下观"为主要特色。早在周朝，中国的政治区域就有"五服"之说，构建了以王朝为中心的环形地缘政治结构，强调了中华民族生存圈内中央政权的核心地位，规范了核心地区与外延地区的关系，确立了核心控制外延的政治控制体系，为古代中国政治模式的定型奠定了基础。天下

---

① 《汉书》卷九，元帝纪第九，中华书局1962年版，第292页。
② ［德］黑格尔：《历史哲学》，王造时译，上海书店出版社2001年版，第93页。

观的理论基础之一就是以中国大陆为世界中心,周边环以海洋,一切政治、经济、军事活动都以大陆为主要基地。因此"天下观"是一种天然的陆权理论。在"天下观"指导下,海洋成为大陆的附属和点缀。

第六,历史和现实的军事威胁因素。从商代以来的中国历史,大多数中国王朝都受到了来自北部、西北部等草原游牧势力的威胁,鲜有来自东、南方向海洋势力的重大威胁,明代大臣霍韬认为:"西、北两边与虏为邻,退尺寸则失寻丈,是故疆场弃守之议不可不慎也。……北狄、南蛮,体势则殊,珠厓、交趾吾欲弃之,置之化外而已,彼不吾毒也。若西、北二边则据险以守,我一失险,则虏必据之矣。虏人据险,中国大患无穷矣。宋人西失宁夏,北失幽燕,国遂不振。"[1] 惨痛的历史经验和现实威胁形成了古代中国统治者们的一种惯性思维:西、北陆地安全始终处于优先战略地位,而东、南海上安全则不予考虑或者仅在国家战略中占有从属地位。因此,外部力量对国家安全挑战的方向和力度,决定了历代中国政府应战的对策、战略——重视西、北陆基而轻视东、南海基。

二 中国古代海防思想和制度的性质

中国古代国防战略主要以陆权战略为主,国防一直以保护内陆为目标。研究中国军事战略的《武经七书》,其内容无不以陆权军事为主题。包括如何利用陆地各要素诸如地势、河流等不同作战环境,如何使用步兵、骑兵和战车部队等不同军种,如何保障陆战后勤运输体系,如何控制陆地上的战略要地,如何攻防陆地要塞,如

---

[1] 严从简:《殊域周咨录》,中华书局1993年版,第424—425页。

何实行陆地大迂回战略，如何在大陆周边建立战略缓冲区，等等。

中国古代海防思想和战略是我国传统陆权战略的一部分。海洋附属于陆地，海防是对陆防的辅助，通过限制与海洋社会的交往，采取在某种程度上与海洋隔绝的措施以强化陆权。中国古代海防思想，源于加强陆上防卫的考虑；从军队编制来看，水军只是陆上武装力量的延伸和扩大而已。中国古代海防制度、海防力量仅仅是陆权之盾——陆权战略的一部分。这是中国古代海防战略的真正性质所在。

在这种陆权战略指导下，中国古代几千年的时间里，以汉族为主体的中华民族一直以黄河、长江为中心，以大海为界限，在东亚大陆上演绎着分裂与统一的历史。古代中国的政治中心一直位于内陆，在北起辽燕、南抵两粤的绵延海岸线以内，王朝迭次更替使内陆中原地区长期成为古代中国政治和经济中心。古代中国的国防重心是内陆而不是海洋，军事经略方向在西北边疆而不在东南沿海。对中国古代统治者而言，其面临的外部威胁主要来自西、北方少数民族的侵扰。几千年来，匈奴人、突厥人、蒙古人、女真人以及沙皇俄国构成了对中国内陆持久的威胁，一些较小的少数民族如鲜卑、羌、契丹等也曾趁乱入主华夏，他们或不断袭扰中原农业社会，或侵占陆地边界领土。内亚腹地强大的游牧民族的存在对中国历史的发展演化产生了深远的影响。历代朝廷把相当一部分精力和财力用在维持西部、北部边疆的安定上。古代中国的统治者们不惜花费巨大的人力、物力、财力去修筑万里长城来保卫漫长而危险的陆地边疆。至于海洋方面的威胁，由于大海在某种程度上起到了防御的作用，对于小规模的骚扰，沿海的封闭或进行简单必要的军事防范就能高枕无忧。海防虽然是历代统治者不时强调的战略，但永远附属于重点的陆地防御战略。

三 中国古代海防思想和制度的意义

中国海防制度、思想出现时间较早,古代中国一度拥有世界上最强大的海上船队和最先进的航海技术。中华民族是世界上最早开发利用海洋的民族,中国的造船技术和航海技术在历史上曾走在世界的前列。早在春秋战国时期,沿海经营就使海上力量超过古希腊而居世界之首;秦汉时代的舟师已发展为雄视东亚的楼船之军;宋、元年间,指南针问世使中国造船业和航海技术居于世界领先地位。西汉、隋、唐三朝征高丽,元代大规模建造战船、组建水军、组织庞大舰队,远征日本、安南、占城、爪哇。明朝初期,郑和七下西洋远航,航线从西太平洋穿越印度洋,直达西亚和非洲东岸,到达南端的好望角,涉及三大洋,在世界航海史上居于领先地位,标志着当时中国的航海技术、造船技术、航海经验发展到历史的高峰,通过海道与世界交往也达到历史的高潮。

然而,中国传统的海防思想和制度有极大的局限性。

其一,中国传统海防思想和战略人为地阻碍了中国古代商业的发展,导致长期以来对自给自足的农业经济的合理化。虽然中国在历史上也涉及海洋经济政策,如春秋时期管仲提出的"官山海"思想,唐、宋时期的"市舶司"制度,都曾对社会经济发展起到积极的促进作用。中国历史上也有过多次海上征战之举,而且不乏进攻性海上行动,但这些"壮举"大都以恢复原有政治秩序为目的,而没有获取海洋资源、开拓或者保护海上贸易的目的。古代中国对海洋的认识,一直未能超越舟楫之便、渔盐之利的有限范围,经略海洋始终处于从属地位。传统海防思想进一步强化了自给自足的封建小农经济在中国的主导地位。

其二，中国传统海防思想使中国自绝于广阔的海洋世界。古代中国统治者认为，世界只有中国是天朝上国，世界唯我最大，只有各国来朝，而中国则不必向外部世界学习。在古代中国，对于海洋的认识和兴趣最多不过表现为统治者东临碣石而发出"天尽头"的感叹。这种保守的思想在无形之中束缚了中华民族向海洋方向的发展，由此导致闭关自守成为一种习惯势力。

其三，中国传统海防思想和战略直接导致我国近代以来的海防危机。传统海防思想削弱了中国海军武装力量的发展。中国历代王朝的海上力量大都昙花一现，一旦海上有事则偶尔为之；一旦事平即销声匿迹。但正是中国这种海防战略，给当时世界上一些急于争夺海权的国家创造了大好时机。美国人博克塞曾对大航海以来世界的海权形势评价说：应当感谢中国皇帝孤立的海禁政策所造成的刻意的缺席，使得葡萄牙人能在毫无东方海权的抗衡下，以惊人的速度成为印度洋上的主宰者。[①] 从 16 世纪开始直到 19 世纪初，整个世界因海洋这一天堑被打通而逐渐融为一个体系，海洋不再是国家安全的屏障，而变成海权国家用以进攻其他国家的通途和捷径。但这一时期的明清两代政府没有察觉到这一新趋势，一味固守西、北陆地防御战略而放弃东、南部广大的海域，使西方海上国家乘虚进入中国海洋腹地——南海区域，并且以此为跳板处心积虑经营殖民统治三四百年，最终在 19 世纪中叶悄无声息地进逼到中国东南近海一线，中国近代以来的巨患——海防危机赫然出现。

[①] 陈尚胜：《"怀夷"与"抑商"——明代海洋力量兴衰研究》，山东人民出版社1997年版，第70页。

第二章 西方殖民势力冲击下的中国近代海疆

19世纪以来，中国海疆受到西方殖民势力的严重冲击。一些完成工业革命的西方列强为扩大商品市场，以坚船利炮作后盾相继东来，在中国周边国家和地区建立殖民地，中国的海防形势也日趋严峻。

第一节 15世纪到鸦片战争之间中西关系

大航海之后，由于西方国家内部社会发生的变化，使中西关系性质也随之发生了变化。一方面，西方国家航海技术的发展，使跨洋航行成为现实。中西之间陆上的交通障碍可以通过越洋航行来突破。中西长期以来的间接交流终于过渡到了直接的交流；另一方面，与航海技术相伴，在西方出现了资本主义的社会组织方式。资本主义天然是一种扩张体系，也注定是一种世界规模的体系。中西双方的交流最终因为西方出现资本主义生产方式而变得不可避免。甚至有学者把大航海时期到鸦片战争之间这段历史称作"近代中国初期（The Initial Period of Modern China）历史"①。

如果我们把这一时期的中西关系略作整理，按照时间排序，葡萄牙、西班牙在16世纪就已到达中国的东南沿海；荷兰和英国则在17世纪接踵而至；到18世纪时，葡、西、荷、英、法、美已经共同出现于中国东南沿海了。"中国领海在16世纪是葡萄牙人和西班牙人的，17世纪是荷兰人的，而18世纪是英国人的。"② 如果从中西交流层次而言，近代西方的新老殖民者在3个多世纪中，已与中国在文化、商业、政治和军事几个方面作了全面的接触。

一 早期中西文化交流

中西文化交流在这一时期的成果，莫过于西方传教士入华给双方带来的影响。西方传教士在16世纪之后从海路不断来华。到明清之际，欧洲传教士开始大规模进入中国。其中，沙勿略有首创之功，利马窦则奠定了一百多年天主教在华传播的基调和方式，而汤若望、南怀仁达到了天主教徒在中国所能达到的最高政治地位。西方天主教传教士曾一度充斥于中国的民间和宫廷间。但传教士引起的"西学东渐"，真正使中国发生变化的却并不在宗教方面，而是在西方科学知识的传播上。西方的天文、历法、舆地测绘、数学、物理和机械学进入了中国的知识界。更为重要的是，由于传教士的中介作用，中国文化也同时"西渐"欧洲。到19世纪之后，新教传教士也渐次入华。

基督教在明末重新传入中国，至鸦片战争时期大约有四百年的

---

① 张存武：《中国初期近代史要义，1511—1839》，载台北中研院近代史研究所编《近代中国初期历史研讨会论文集》上册，1989年版，第489页。

② 参见［英］赫德逊著《欧洲与中国》，李申等译，中华书局2004年版，第232—233页。

历史。但基督教命运屡经沉浮，在中国从未获得像印度佛教那样的地位。原因大约有二：

其一，如果不把唐代景教和元朝也里可温教、天主教在华传播作为近代基督教入华的源头，那么，明清之际来华传教的耶稣会士面对的是一个已经烂熟的、以捍卫自己的文化为生命线的中华文明。中华文化中的儒、佛、道互为表里，出世与入世相得益彰，其中既有处理俗世伦理的孔子学说，也有处理灵魂归宿的佛家理论。贪新贪奇者，道家法术可以满足之；喜谈心性者，理学可为其提供工具；好谈玄者，老庄理论可为其张目。中华文化，应有尽有，长期以来已经形成了一种稳定的文化生态环境。基督教的宗教伦理在上层不能为信奉儒家正统思想的主流精英所采纳，在下层又不能为普通百姓开辟新的民间信仰平台。因此，明清以来的基督教传播面对的中国文明，其"池中容量已满，先入为主。他教欲重新而灌入，自不容易"[①]。基督教要挤入中国，除非先矮化自己，在立稳脚跟之后，再徐图之。

其二，西方基督教在华传教方式使其在中国难有成就。利马窦在华传教的先期成功，在于传教士们以自己的学养和品格来感染周围的中国人。但在之后，因"礼仪之争"使利马窦的传教法失去了合法性。罗马教皇和清廷的争论，导致基督教在康熙末年被禁。到了鸦片战争之后，西方传教士利用西方国家在中国确立的政治优势，重新进入中国。依仗西方国家的船坚炮利，传教士取得了先在通商口岸、后在内地的传教权。基督教的重新进入中国，是与西方侵入中国相伴随的。这个宣扬所谓"爱人如己"的宗教最后却与武

---

① 张星烺：《欧化东渐史》，商务印书馆2000年版，第98页。

力和暴力捆绑销售到了中国。中国人民慢慢产生了这么一种印象："如来佛是骑着白象到中国的,耶稣基督却是骑在炮弹上飞过来的。"① 基督教缺乏劝人向善的道德制高点,而其后教案频发,又加剧了这一印象。中国人除了一小部分外,已将基督教视作西方入侵中国的一种工具。基督教重新进入中国拜西方军事之力,而难以在中国有所成就,实也由西方军事实力所害。吕实强在《中国官绅反教原因(1860—1874)》一书中,曾大致指出了近代基督教在中国传播受阻的三个原因:一是侵略背景;二是中西之间的误会;三是权力之争,因为传教士威胁到了地方官绅对民众的权威。这三种原因基本上说明了基督教在近代中国历经坎坷的原因。

二 早期中西贸易交流

从中西贸易交流来说,西方国家三百年来已通过各种方式把中国货物带到了欧美各国。葡萄牙在西方各国中是最早与中国建立商业关系的国家。在1513年葡萄牙人乔治·奥洁莱斯首航广东沿海出售货物后,葡人垄断中欧贸易达半个多世纪。特别在1557年据有澳门这一立足点后,葡萄牙更是拥有了比西方其他国家远为优越的地位。为获得与中国贸易优厚的利润,葡萄牙不惜以武力阻止其他西方国家与中国通商。葡萄牙人同时还在中国的福建和浙江沿海非法进行着大规模的走私贸易。直到18世纪以后,葡萄牙与中国的贸易量在中西贸易总额中的比例才不断下降。西班牙是继葡之后的第二个与中国通商的西方国家。西班牙在1571年征服菲律宾群岛后,"于1575年首次至华,但是他们将自己的转运贸易让给和马

---

① 蒋梦麟:《西潮·新潮》,岳麓书社2000年版,第13页。

尼拉通商的中国人"①。从1565年到1815年的250年间，由西班牙操纵的、以中国货和华裔海员为主的跨越太平洋的"马尼拉大帆船"（the Manila Galleon）洲际贸易盛极一时。荷兰曾于1604年和1607年两次到达广东欲与中国通商，但被葡萄牙所阻。荷兰不久便占据澎湖岛和台湾，与来往的商船贸易。清朝建立之后，经荷兰再三请求通商，清政府终于允许荷兰进行八年一贡，船只不得超过4艘的朝贡贸易。到17世纪后，英、法也加入了对华贸易的行列。而刚独立不久的美国派出商船"中国皇后号"于1784年首次使华。随着广州一口通商贸易体系的建立，西方国家在18世纪中期之后就主要通过广州与中国进行商业贸易往来了。北方的俄罗斯则利用早已存在的渠道，与中国进行皮毛和茶叶贸易。1727年，中俄《恰克图条约》的签订更保障了俄罗斯与中国的贸易权利。在鸦片战争前夕，英国发展为西方各国中对华贸易规模最大的国家。

三　早期中西政治、军事交流

中西之间不仅在商业方面有了大量交流，而且在高级别的政治和军事方面也有了直接的接触。政治方面的交流主要表现在西方国家不断向中国派遣使节企图正式与中国建立外交关系的活动中。1521年，马六甲的葡萄牙总督派皮来资以大使的身份来到北京。1522年，明朝新即位的世宗皇帝不仅拒绝接见，还将其押回广州囚禁，1523年死于中国的监狱。之后，葡萄牙仍然坚持不懈地向中国派遣使节，在整个清朝前期，由葡萄牙国王或其海外总督派出的使者相继五次出使北京。西班牙也曾遣使进京："本朝崇德中，吕宋

---

① 中国史学会：《鸦片战争》第1册，上海书店2000年版，第278页。

第二章　西方殖民势力冲击下的中国近代海疆

遣使进贡于明，使臣留闽未还。顺治三年，福建平。守臣送其使入京师。四年六月，上赐以服物，赐敕谕于其王，遣归本国。"① 荷兰也在清室入关后，曾于 1655 年、1664 年和 1795 年数次派遣使者，请求通商。英国在 1792 年和 1816 年两次分别派遣马嘎尔尼和阿美士德入华谈判通商和驻节事宜。俄国派遣使臣于 1689 年与中国签订了《尼布楚条约》，划定了中俄部分疆界。1721 年，订立的北京条约允许俄国使臣进驻北京。1727 年，中俄《恰克图条约》签订，再次划定两国边界，并协定通商事宜。清朝使节也曾两次出使俄国。

　　在中西之间的军事交流方面，双方不仅有武力对抗，而且还存在过短期的军事合作。中西近代以来的军事冲突从葡萄牙人进入亚洲开始。1517 年，葡萄牙的 8 艘武装商船炮轰珠江口。1522 年，中葡之间发生了西草湾之役。② 1542 年，为对付私占浙江宁波进行走私贸易的葡人，明朝海陆军两面夹攻，据西方史料记载③，中国军队尽杀外国商人和教徒 12000 人，其中葡人就有 800 名。1549 年，通过贿赂地方官员获得在泉州贸易的葡萄牙商人又一次被中国军队逐杀。全体 500 名葡人中，幸免者仅有 30 人。荷兰军队则在 1622 年攻占澎湖岛，1624 年更东进台湾岛。1662 年，郑成功的军队与荷兰军队经过激烈战斗，荷兰军队被驱逐出了台湾。英国船在 1637 年为了到广州附近贸易，还曾攻破中国广东沿岸的炮台。北方的俄罗斯则早在康熙初年就已进入了中国的黑龙江流域，并在雅克萨与清军多次发生过军事冲突。除了以上冲突之外，中西间军事接

---

① 《清朝文献通考》卷二百九十七。
② 《明史·佛郎机传》卷三百二十五，中华书局 1974 年版，第 8431 页。
③ ［美］马士：《中华帝国对外关系史》第 1 卷，张汇文译，上海书店 2000 年版，第 46 页。

触还有几次合作。1574—1575 年，明朝海军曾与西班牙驻菲律宾的总督合作剿灭过中国的林风海盗武装；明、清朝代更替之际，双方都曾力争西方军事技术的援助；1681 年，荷兰海军还帮助清军攻下郑氏占领的厦门。在康熙皇帝收复台湾的战役中，清政府曾与荷兰海军制订过合作攻台的军事计划，但没有实行。

第二节　19 世纪以来清代海防危机

19 世纪上半叶，中西形势发生重大变化。西方的重要国家已完成工业革命以及政治制度和军事制度的变革，中西方军事实力对比已经发生重大倾斜，西方国家的军事实力已经全面占优，西方国家首先从海洋方面威胁中国的国防安全，中国的海防安全面临全面危机。

一　清代落后的军事制度

鸦片战争前的中国于总兵力而言是处于优势的。当时清朝的八旗兵共约 20 万，绿营兵约 60 万，总兵力约 80 万，是当时世界上一支最庞大的常备军。英军正规军约 14 万，国内警务国民军 6 万，总兵力仅 20 万，与清军比例是 1∶4。派往中国英军鸦片战争初期约为 7000 人，与清军比例是 1∶40，单就数量上看中国军队处于优势，但是军事制度方面却落下风。

清军分八旗和绿营两大系统。绿营中的营没有固定编制，只根据驻守地区是否要冲、执行任务繁简程度而决定，人数 200 至 1000 不等。绿营中每个营都要分汛、塘、哨、卡，营以下的部队不集中驻扎于一处营房，以数十名、十数名、数名、数百名作为一个整体分散驻扎在当时的市镇要冲。

清军兼有国内治安、对外御敌两种职能，但承担的国内治安职能较重。清军编制及其驻防虽利于分散治民，但不利于集中御敌，在对外御敌战争中无法调动一切兵力用于作战，80万军队在实际对外战争中无实际意义。鸦片战争中，中方参战省份广东、福建、浙江、江苏共22万清军，但在交战区的兵力总数大致有3万人，可用于御敌作战的兵力更少。即使是这些军队，也是临时编凑，战斗力差强人意。繁重的缉捕、解送、守护、承催等差役，加上防守作战任务使士兵责任繁重难忍。

清朝兵役制是一种变形的募兵制，兵员募自固定户。在作战时，绿营兵员除来自兵户外，也有从社会上其他成员中募集的，各色人等均有。一旦入募，士兵成为终生职业，无固定退役制度，年龄也大小不一，22—59岁不等。因粮饷较少，士兵收入在有家眷情况下，很难维持家计。为维持生计，士兵只得另觅财源，替人帮工、租种田地、做小本生意等，还通过敲诈勒索收受贿赂获得钱财。将弁则吃缺冒滥，营兵常不足额，兵不见将，将不见兵，兵勇互斗，作战能力十分低下，军纪荡然。绿营例行操练由于人员不齐，差、操不分使得训练无裨实用，旧式阵式与技艺训练已完全落伍，以致清军训练废弛。

清朝高级军官选拔制度也难以适应近代战争制度。清代高级军官要不是赳赳武夫，要不是只熟悉《武经七书》的纸上谈兵式文人。将帅对近代军事知识一无所知，战场上常常指挥谬误，措置失当。布防上只守卫炮台与前沿阵地，不纵深设防以致前线一旦失守即全线崩溃。一些将军、参赞迷信鬼神，无全局观，互不相援，搪塞延兵以求自保。

与清军相比，英国建立起了与近代化相适应的军事制度。英军是一支近代化的军队，士兵文化水平高，将官受过近代军事教育，训练有素，指挥统一，战略目标明确。英军虽然兵力有限，但利用高效运输的舰船，反复使用。清军陆上调兵速度比英军海上调兵速度缓慢，在不知英军战略目标与作战方针的情况下，只得处处设防。几千里的海岸线均为防御范围。英军在作战地点、时间、规模上的先决权使其可以集中优势兵力各个击破，使总兵力虽占优势的清军处处被动，无任何数量优势可言。

二 清代落后的军事装备

19世纪以来，中英军队装备水平发生了重大改变，与西方国家比较，清军装备水平开始落伍。

清代火炮铸造技术较为落后。鸦片战争前后，清军火炮大多是以重量作为衡量其性能优劣的依据，这远远没有以炮身与口径比例搭配为主要性能参数科学合理。清军火炮的大致分类，按照主导的类型分为红夷炮、子母炮、抬炮三类；按照制造的国度和时间顺序分为：旧式火炮、新铸的火炮、购买的葡萄牙式或英国式加农炮、仿制的英国夷炮四类；按照长度和重量可分为：长管滑膛重炮和身管较短的轻型滑膛炮。前者就是明末清初的红夷炮原型。后者包括神威将军、神功将军、劈山炮、子母炮、奇炮、竹炮、九节炮等，这类炮品种最多，其中除子母炮和奇炮是后膛装填弹药的佛郎机炮型外，其余属于红夷炮的发展型。

清廷除了统一制造以红夷炮型为主导的前装滑膛、以火绳点火的火炮外，沿海各省制造了大批火炮。如广东省自军兴以来，铸炮1000余位，其中尤以佛山制造的生铁炮最具代表性。全国总计，数

第二章 西方殖民势力冲击下的中国近代海疆

量不下5500余位。炮重有数百斤至3万余斤的，炮管有长至4.44米的。这些火炮，虽名号众多，大多依红夷炮制式，设计和制造技术未有改进，不仅与同时期英国先进火炮不能相比，而且有些技术较明末清初亦有萎缩。不过，清军方面购买和仿制了大批夷炮。林则徐到广东后购西洋各国夷炮200余位。1841年，浙江、江苏等地方的军政大员还组织人力仿制了一批铜炮。

清代火炮所用钢铁或铜的质量，主要表现在对冶炼材料的选择和冶炼方法的研究方面。清代火炮铸造技术继承自中国古代。中国从唐代到明代，是古代钢铁技术全面发展和定型的时期，以生铁冶炼——生铁炒炼熟铁——生、熟铁合炼成钢的生产流程趋于定型。明代以来，中国火炮铸造材料，小者多用铜，大者多用铸铁。明代中叶到第一次鸦片战争之时，中国传统钢铁技术继续缓慢发展。但手工生产的能力非机器生产所能相比，故其钢铁产量极低。到1840年前后，年产铁约2万吨，仅是英国的1/40。

清军造炮工艺方面，如与英军相比并不十分落后，且有英军所没有的铁模铸炮法和复合层结构的造炮工艺。清朝沿海及内陆的一些省份，旧式火炮、新造的火炮和仿制的夷炮，除少部分是用英军所没有的铁模铸炮法制成，大多仍由生铁和青铜冶铸而成。只是用液态的生铁或青铜铸造的火炮质量差，加工难，容易炸裂。锻造的熟铁炮或黄铜炮斤两少且比例小。而英军火炮主要由青铜炮、黄铜炮和铸铁炮组成，且大多数火炮可以用熟铁或黄铜锻造，尔后用车床刀具加工，精度提高不少。

清军炮弹的生产主要由工部在京办理，然后再拨给各省。有时也改由地方就近制造。其材质除用铅子外，主要用生铁，采用泥型铸造，以两个半圆坯模合铸而成，故必留合范的线痕，且由于冶铸技术关系，往往有较多的气眼。由于清军火炮炮身庞大，炮口极小，因而炮弹较轻。炮弹一般重则3至10余斤，大者也不过十六七斤，最大炮弹也有如西方的68磅炮弹和大于此的炮弹，不过比例不大。

火药制造方面，在鸦片战争前后，中英黑色有烟火药处于同一发展阶段。但是，清军制造的火药，以手工作坊或工场生产为主，无法提纯硝和硫，亦无其他先进的工艺设备进行粉碎和拌和，只靠石碾等工艺，硝、硫、炭比例中含硝量过高，容易发潮，难以久贮，爆炸效力低。战争之际，清军火药（黑火药）比例配比有了进一步的改进，基本上达到英军的水准。福建水师提督陈阶平、福建监生丁拱辰对西洋火药制作之法颇有研究，他们配置的火药，尽管还是手工操作的方法，但是由于对原料选炼的严格，硝、硫、炭的组配比率比较得当，所制火药可以与英军火药相匹敌。

火炮射程方面，鸦片战争前夕，中国购买的重型夷炮的最大射程在4里之内，有效射程约为二三里。而中国原有的旧式重型火炮的射程应小于这个数据。在火炮的射击精度方面，战争期间，清军以海岸巨炮对付海上舰炮，射击精度很差。明末以来的测量火炮发射角的铳规，士兵大多不会使用。清军虽也使用一定的瞄准法，瞄准器是笔直的金属片，钻着三个孔眼，用以射不同的距离，但这种瞄准法不太准确。清军在战争后期，也在学习明末从西洋引进的铳规仪器（象限仪），试图提高火炮的射击精度。鸦片战争期间，清军士兵大多凭经验，英军已对弹道学作过初步研究，瞄准器具也已具备，使之射击精度大大提高，这使得双方火炮的命中率差距甚大。以火炮的机动性而言，清军对炮车、炮架不甚重视，许多火炮没有炮架，一些炮架只能调整高低夹角而不能左右活转，限制了射击范围。火炮的射速也较慢。清军火炮装填程序复杂，费时多，射速慢，如果第一发不中，则第二发已因敌舰远去而鞭长莫及。火炮每分钟可能达到1—2发，但炮管无法承受持续射击，隔一段时间就需休息以冷却，故每小时平均只可能发射8发，每天通常不超过100发，且铁炮在射击600发，铜炮约100发后，就已不太堪用。

在舰船装备方面，清军水师更处于明显的劣势。

清军水师的木质舰船小、易腐蚀、航速慢、笨拙、在航率低。战争之时，清军水师最大的船只是福建横洋棱船和广东米艇。横洋棱船长为8.2丈（27.3米），宽为2.6丈（8.7米）；广东米艇长9.5丈（31.7米），宽2.06丈（6.8米）。船舷一般没有保护装置，不能撞击；靠人力划桨并配以少量小型风帆航行，航速慢，经不起风浪颠簸。战船为双桅纵帆，尚未采用转舵装置，继续使用那种依靠7—8人在甲板上大幅度用力转舵的方法。造船工艺落后，与英军军舰相比，战船虽小，但相当笨拙。船体容易腐朽，需要经常修缮，9年以后已基本上不能再用。

清军战船，由于过于简陋，不能负载过重，一般只能配置数百斤至1000斤重的火炮，且装备大多还是旧式枪炮和各种传统的燃烧性火器。鸦片战争前，福建外海水师战船以同安棱船为主，最大的集字号配备重量不超过2000斤的火炮8门，炮位均安在舱面，炮手无所遮蔽，易受火力杀伤。广东外海水师有少量被称为海上炮台的红单船，其实长仅10丈余，宽2丈左右，只载官兵80人，配备数百斤至1000斤火炮20—30门。另一种可勉强在外洋作战的大号米艇，每船设官兵65名，配备近千斤至二三千斤火炮12门，另有火箭、喷桶、火罐等火器。但这种米艇，全省只有51艘，堪用者仅2/3。中国战船因为质量低劣，几百斤至1000多斤重的铁铸火炮，其射程只有 300 多米。

如与清军相比，英国等西方国家在火炮、船舰技术方面远远超过中国。

欧洲火炮铸造技术从 16 世纪以来一直采用泥范整体模铸法，在给实心火炮上钻孔的实践据说开始于 1713 年，在英国伍利奇的皇家枪炮铸造厂，泥范整体模铸法一直延续到 1770 年以后。大约在此以后，英国的铁器制造者威尔金森开发出一种改进了给火炮钻膛的机器。1794 年，英国机械师莫兹利发明了车床上的移动刀架；1797 年，制成了安放在铁底座上带有移动刀架的车床。19 世纪 20 至 30 年代，英国发明了全金属车床、自动调节车床、牛头刨床等一系列工作母机，到 19 世纪 40 年代时，达到了用工作母机制造机械的领先水平。在制造火炮方面，利用车床先将火炮铸成实心圆柱金属铸件，然后用一种配有超长钻头的大型钻床钻出一个孔，接着到锤床上将这个孔逐步锤削成型，加工成火炮。在炮膛游隙方面，19 世纪中叶，欧洲因机械制造精密度的提高，火炮所用的游隙值更减少到内径的 1/42，如此，只要装填较少的火药就可达到较高的速度，且同时提高发射的准确性。再者，由于用药量的减少，管壁即使变薄亦不至于膛炸，连带也使得火炮的机动性大增。先进的铸炮技术可使炮身较模铸法更加均匀、对称、光洁，各种尺寸比例和火门的设计较合理，既提高了铸炮的精度，又节省工时，坚实耐用。

鸦片战争之时，英军火炮的口径从几英寸到十余英寸，前装滑膛，以引信和燧石击发器击发，少量的火炮采用了雷汞底火，以撞针击发。炮身重量从几百斤、几千斤直至万余斤。火炮的种类经过多次调整改革，从类型上讲，可分为长管加农炮、榴弹炮、臼炮、舰载火炮。前三种火炮与之前介绍过的同名陆军火炮大体相同，而舰炮则是专门为战舰而制造的一种火炮，它有一个显著的特点是尾部有一个圆孔，以便绳索穿过这个圆孔，将火炮固定在甲板上。

在火炮铸造材质方面，在18世纪后期，由于木材资源短缺，导致欧洲锻铁费用上涨。为降低成本，欧洲就开始采取了所谓的搅炼工艺，就是用长长的钢棒将反射炉中的金属溶液加以搅拌。炉子用焦炭燃烧，这样不仅使炉面溶液，而且全炉的溶液都能接触空气，从而使脱炭更加彻底，成为可锻铸铁。用搅炼法生产的锻铁，质量不如炭铁，但价格便宜得多。1829年又前进了一步，即应用鼓风炉本身余气进行预热鼓风，这个发明使得在消耗同等燃料的情况下，搅炼熟铁产量增加到3倍。还有一种改进是"湿"搅炼法，即在炉膛铺以含有氧化铁的小块炉渣，它与金属中的碳素相化合，在表层之下产生CO，形成加速脱炭进程泡沸搅动。1806年英国铁产量为25万吨，到1850年英国每年可产250万吨，铸铁和锻铁的产量都有增长。18世纪以来，各国都大规模扩建海军，因为铁的成本只及铜的五分之一，所以铁炮逐渐替代了青铜炮，成为各国战舰的标准装备。

在炮弹制造方面，英军装备有各式新式炮弹。其中球型实心炮弹分普通的熟铁弹和灼热的实心弹两种。霰弹则分为普通的霰弹和改良的葡萄弹两种。开花弹分内装黑火药的开花弹、装有定时引线的榴霰弹和内装纵火药剂的燃烧弹。1826年，英军开始采用爆炸弹，1839年英国装备改良过的桶形尖头开花弹，圆锥形的前部穿甲性能大大提高。此外，还有链弹和杠弹。战争之时，以上的新式燃烧弹、葡萄弹和爆炸弹，就是英人火炮威力的秘密之所在。

在火药制造方面，19世纪初英国的火药制造工业已经居于世界各国的领先地位，火药生产如提纯、粉碎、拌和、压制、烘干等工艺已进入近代工厂的机械化生产阶段。其主要特点是：采用物理和化学方法，以先进的工业设备，提炼高纯度的硝和硫；以蒸汽机带动转鼓式装置，进行药料的粉碎和药料的混合拌和；用水压式机械，将配置的火药放在碾磨上，压成坚固而均匀的颗粒，使火药具有一定的几何形状和密实性；使用机械式造粒缸，将火药块造成大小均匀的火药粒；对制成的粒状火药，放在烘干室内，用蒸汽加热器烘干，使之保持良好待发的干燥状态；用石墨制成的摩光机，将药粒的表面磨光，除去气孔，降低吸湿性，以延长火药的贮藏期。这些先进的工艺保证了英军火药的优良品质。在火药的配比方面，英国化学家歇夫列里在1825年经过多次实验后，提出了黑色火药的最佳化学反应方程式：$2KNO_3 + 3C + S \rightarrow K_2S\downarrow + N_2\uparrow + 3CO_2\uparrow$。据此，在理论上，硝、硫、炭的组配比率以74.84%、11.84%、11.32%为最佳火药配方。英国按照这一方程式，配制了硝、硫、炭的比率为75%、10%、15%的枪用发射火药，以及组配比率为78%、8%、14%的炮用发射火药。

火炮射程方面，英国火炮也占据一定优势。英军的重型火炮，其有效射程在3里左右，最大射程9里之内。对于火炮的射击精度而言，18世纪中叶，在罗宾斯和欧拉等人的努力下，英国火炮射击精度发生了革命性的改变。就火炮的机动性而言，战争之时，英军的火炮都使用了统一尺寸的旋转炮架，为了便于机动，炮身可在分解后吊离炮架，装入专用炮箱；炮架用车牵引，可以迅速转移，设置新的火炮阵地。就火炮的射速而言，战争之际的英军重型火炮，射速一般已达每两分钟3发，其程序包括装入火药包，放入炮弹、瞄准开炮、清理炮膛、再装入火药包、炮弹等。

在舰船技术方面，英国等西方国家更是技高一筹。英军战舰高

第二章 西方殖民势力冲击下的中国近代海疆

大、抗腐性强、抗沉性好。船体装有纵帆设备的高大船楼淘汰了，军舰降低了重心，航行更安全了。

英舰机动性和航速远在清军水师之上。鸦片战争时，英国的战列舰全部依靠风帆。各种海船、军舰的舵柄已经用缆绳与装在后甲板上的舵轮连接起来，改变了过去那种靠人力在整个甲板宽的地方大幅度转舵的笨拙方法，从而提高了军舰的机动性，节省了舵手人数。船艏部纵向三角帆和桅杆之间的支索帆比仅仅采用横帆航行起来更能吃风。横帆因增加了翼帆，使驱动力得到加强。有两桅或三桅，悬挂十余面帆，能利用各种风向航行。满帆时，一艘大型帆船可以挂起36面帆，以10节的航速破浪前进。19世纪30年代出现的蒸汽动力铁壳明轮船，已开始装备海军。"复仇神号"战船，尽管吨位小，安炮少，在西方正式海战中难以发挥作用，但因航速快、机动性强、吃水浅等特点，在中国沿海和内河横行肆虐。

英军舰队以其强大的海军和火炮数，横行于中国东南沿海，决定了战争的时间、地点和规模。当时英国战舰大体上标准化为6个等级。头3个等级属于3桅横帆大战舰：1级有3层甲板，共配备100或100门以上火炮；2级也有3层甲板，共配备约90位炮；3级也就是作战舰队中的载重炮，有两层甲板，共配备64—74门炮；4级是按折中方案建造的，配备有50门炮（两层甲板），称为巡洋舰，有时也用在海军作战队列中。参加鸦片战争的3艘战列舰麦尔威厘号、威厘士厘号、伯兰汉号炮位数都是74门。截至1840年6月22日，英军舰16艘，载炮540门。截至1842年英军进犯长江前夕和过程中，英军的增援使海军拥有军舰25艘，载炮668门，轮船14艘，载炮56门。

总之，由以上中英双方军事技术诸方面的比较中看出，鸦片战争时期的英军在军事技术方面获得重要改良,武器性能方面全面占优。同时由于西方军事思想的发展,以武器性能的更新变化为尺度的战争思想,迅速走向近代化、科学化。先进的武器和战争观念两方面的有机配合,将人和武器组合成一部精密的机器,因此,英军在战争中屡战屡胜。反观清军,其火炮、船舰等武器虽与英军相比从表面上看并无差别,但在技术改良和内在质地方面则有天壤之别,加上清军依然坚守中世纪战术观念,难以找到战胜西方的方法,以致在战争中屡战屡败。

三　清代落后的政治体制和经济制度

到 19 世纪以后,如与西方相比,中国传统农业经济和有限对外贸易体制已经难以支撑起一场大规模战争所必需的经济实力。清代中央集权的政治体制和决策机制也制约了学习最先进技术的效率。

第一次鸦片战争爆发前,中国是清朝统治下的中央集权制国家。清廷自乾隆后,因镇压人民起义和官吏贪污亏空,国家财政日益吃紧。国家额定收入,常不能征足;已征部分,地方或拖延不解送户部或因亏空无银可解。库银急剧减少,军费支出大量增加。战争中,军队经征调后,官兵除规定的廉俸与"坐粮"外,均例得俸赏行装银两。运送军队给养,须支出车船、骡马、役夫等费用。故一有征调即耗费不赀。战争时财政困难与征调军队的耗费形成尖锐的矛盾。连年灾害,粮食紧张,支出又要增加,战争所需物资储备甚薄,赶办武器装备甚为困难。清军运输手段也比较落后。粮食,物品及武器运送均需要靠肩挑背负,骡马驮载,木船水运,速度缓慢。因而清军后勤供应困难,粤、闽、浙、苏四省军费均感匮乏,即可见当时后勤供应艰难。加之清朝吏治腐败与交通不便，行政效率差，故而后勤供应对清军战斗造成重大影响。

与清代中国相比，最早完成资产阶级革命的英国，到18世纪末叶又率先开始产业革命，近代化的工业迅速发展。19世纪初，英国已经成为最强大的资本主义国家，许多国家沦为它的殖民地，中国成为它的下一个侵略目标，毒品鸦片则是英国侵略中国的特殊武器。英国已经建立起较为先进的政治、经济体制，即民主体制、市场体制。在发动对外战争的效能方面，实际上比中国传统政体更有力。英国政府在获得议会批准后发动鸦片战争，英国可以举全国财力、物力加上英印殖民地全力对付中国，传统政治、经济体制下的中国已经很难应付这一危局，特别是东南沿海广阔的海岸线，传统海防已经无法阻挡西方国家的船坚炮利，中国开始面临来自海上威胁的严峻局面。1840年开始的鸦片战争使这一威胁最终变成了现实。

第三节　鸦片战争与中国海防战略调整的开始

第一次鸦片战争是英国殖民者在1840—1842年对中国发动的一场侵略战争，战争的导火线是英国强行向中国推销鸦片，战争最终以清朝失败而告终。

一　鸦片战争背景

从18世纪初开始，英国商人便开始向中国输入鸦片。自1800年起，鸦片开始大量输入中国。英国鸦片贩子不顾清政府禁止鸦片入口的禁令，贿赂清朝官吏，勾结中国私贩，利用特制的快艇，进行武装走私。走私的范围遍及整个东南沿海。由于鸦片的大量输入，中英之间的贸易逐渐发生变化，英国由入超变为出超。而白银的大量外流，造成了银贵钱贱，严重损害了清朝财政，也使广大人民深受其害。中国朝野上下，严禁鸦片的呼声日趋高涨。清道光皇帝意识到鸦片输入将造成军队瓦解、财源枯竭，便于1838年12月任命湖广总督林则徐为钦差大臣，节制广东水师，赴广州查禁鸦片。林则徐在广东人民的支持下，于1839年6月3日至25日，将从鸦片贩子手中收缴的走私鸦片两万余箱在虎门海滩全部销毁，禁烟运动取得重大胜利。但英国资产阶级却以此为借口，向中国发动了一场旨在保护鸦片走私的不义的侵略战争。

1839年8月初，中国禁烟的消息传到英国。10月1日，英国内阁作出派遣一支舰队到中国海的决定。1840年2月，英国政府任命懿律和义律为正副全权代表，懿律为侵华英军总司令。4月，英国议会正式通过发动战争的决议案，派兵侵略中国。6月，懿律率领的英国舰船40余艘及士兵4000人到达中国海面，第一次鸦片战争正式开始。

二 鸦片战争过程

第一次鸦片战争持续了两年多时间，分三个阶段。

战争的第一阶段，从1840年6月下旬英军封锁珠江口开始，到1841年1月下旬义律发布《穿鼻草约》为止。1840年6月28日，懿律下令封锁珠江口，并立即启程北上，夺占定海。7月初，英军驶经福建海面，炮轰厦门港。7月4日，英军驶抵定海水域，清军水师毫无戒备，不仅未予拦截，反而由知县姚怀祥登舰询问来意。英军将一份事先准备好的中文照会交给姚怀祥，限次日下午二时前投降，将所属海岛、炮台一律交出，否则开炮轰城。姚怀祥返城后与文武官员商讨防守之策。7月5日下午二时，英军见清军无献城投降的迹象，便下令英舰发起进攻。清军水师奋起抵抗。由于英军舰大炮多，射程较远，清军船小炮少，射程又近，交战不久，清军水师损失严重，只得向镇海方向退却。英军在舰炮掩护下登陆，攻占定海城东南的关山炮台，并连夜炮轰定海县城。6日凌晨，英军攻破东门，姚怀祥出北门投水自尽，守城兵勇溃散，定海遂告失陷。

1840年7月28日，义律率英舰8艘，驶离舟山群岛北上，于8月9日进泊天津大沽口外，向清政府递交照会，施加压力。道光皇帝事先已得知英舰可能北上天津，考虑到天津海防力量不足，所以8月9日接到直隶总督琦善关于英军已到大沽口外的奏报后，立即命令琦善不要随便开枪开炮，如有投递禀帖等事，不管是汉字夷字，即将原禀进呈。于是，琦善于8月15日派人前往英舰取回《巴麦尊照会》，并立即送呈北京。

道光帝接到照会后，得知英国要求赔礼道歉、偿还烟款、割让岛屿等。道光听信谗言，以为是林则徐、邓廷桢等人办理禁烟之事不善才引起英军入侵，只要惩办林、邓等人，英国就会退兵。于是，他要琦善向英方表示要重治林则徐。8月30日，琦善与义律在大沽口会谈。英方因当时军中流行疫病，不便采取军事行动，乃于9月15日起碇南返，并同意在广东继续与清朝谈判。9月17日，道光帝任命自夸退敌有功的琦善为钦差大臣，赴广东继续办理中英交涉，并同时将林则徐、邓廷桢等革职查办。

11月末，琦善到达广州，将珠江口防务设施撤除，水勇、乡勇遣散，以讨好英国侵略者。在谈判过程中，琦善对义律提出的各项侵略要求一一许诺，只对割让香港一事表示不敢做主，答应向道光请示。义律决定进一步施加压力，于1841年1月初，向虎门沙角、大角炮台发起进攻，清军英勇抵抗，打死打伤英军100余人。但由于清军防守兵力不足，琦善又拒发援兵，加上英军炮火猛烈，兵力也占优势，两个炮台终于失守。副将陈连升父子以下600余人阵亡。

琦善屈服于英军的强大压力，于1月中旬照会义律，表示愿意代为恳请在尖沙咀或香港地方择一隅供英人寄居。然而，义律不待琦善代为奏恳，便在1月20日单方面抛出《穿鼻草约》。《草约》包括割让香港、赔偿烟款600万元。6天之后，英军强行占领香港。第一阶段的战争，至此结束。

战争的第二阶段，自1841年1月27日清政府对英宣战开始，至5月27日《广州和约》订立为止。1841年1月27日，大角、沙角炮台失守的消息传到北京，道光帝甚为恼怒，当即决定对英宣战。他任命御前大臣奕山为靖逆将军，户部尚书隆文和湖南提督杨芳为参赞大臣，调集各省军队1.7万人开赴广东。于是，广东的谈判停顿下来，中英双方又进入战争状态。

义律获悉清廷向广东调兵遣将和对英宣战的消息后，便立即命令英军备战，准备进攻虎门和广州，以先发制人。2月19日，英舰开始向虎门口集结，2月26日清晨，英军3000多人向虎门炮台发动猛烈攻击，水师提督关天培率军英勇抵抗，琦善拒绝派兵增援。由于寡不敌众，关天培和守军数百人壮烈牺牲，虎门炮台失守。英舰驶入省河。2月27日，英军攻陷乌涌炮台。3月2日，英军又陷猎德炮台，逼近广州。

3月5日，参赞大臣杨芳到达广州，但各省调集的兵勇没有到齐。义律也因兵力不足，不敢轻易进攻广州。在此情况下，义律与杨芳出于各自的考虑，达成临时休战协议。4月，奕山及各省军队1.7万余人先后齐集广州。奕山一到广州，便诬蔑粤民皆汉奸，粤兵皆贼党，执行"防民甚于防寇"的方针。为了报功邀赏，奕山于5月21日夜贸然向英军发动进攻，分兵三路袭击英军。由于英军早有准备，所以没有收到什么战果。22日黎明，英军乘顺风发动进攻，向清军猛烈发炮轰击，清军溃败，英军乘势进攻广州城，占领城北炮台和山冈，居高临下，发炮轰击城内。万余清军收缩城内，奕山等高级将领惶惶无主，乱作一团。

5月26日，奕山派广州知府余保纯出城乞和。次日，订立屈辱的《广州和约》。条约规定：奕山、隆文、杨芳以及全部外省军队，6天内撤至离广州城30公里以外的地方，一周内交出"赎城费"600万元，款项交清后，英军全部撤至虎门口外。第二阶段的战争，至此结束。

战争的第三阶段，自1841年8月英国扩大侵略战争再度进攻厦门开始，到1842年8月29日《南京条约》签订为止。1841年5月，英国政府获悉义律发布《穿鼻草约》的消息后，认为这个条约所得到的侵略权益太少，决定撤换义律，改派璞鼎查为全权公使，前来中国进一步扩大对华侵略战争。而此时的清统治者却误以为战争已经结束，于7月28日通谕沿海将军督抚，酌量裁撤各省调防官兵。8月，璞鼎查到达香港，不久即率兵进犯厦门，总兵江继芸力战牺牲，厦门陷落。

道光帝接到厦门失守的奏报后，才意识到战事并未停止，于是下令沿海各省将军督抚停止裁撤军队，加强防守。英军攻陷厦门后继续北犯。守卫镇海的钦差大臣、江苏巡抚裕谦积极布置浙江沿海的防卫。9月，英军侵犯定海，总兵葛云飞、郑国鸿、王锡朋等率领守军英勇抵抗，以身殉国。

10月1日，英陆军在强大炮火的掩护下登陆，定海失陷。英军攻占定海后，继续进攻镇海。10月10日，英军以强大的炮火猛烈轰击镇海招宝山、金鸡山炮台，陆军乘机登陆。

守军顽强抵抗，多次同进攻之敌展开肉搏。但终因英军火力猛烈，两座炮台相继失守。浙江提督余步云在战斗最激烈的时候，贪生怕死，逃往宁波。裕谦率部死战，后见大势已去，投水自尽。守军伤亡惨重，余部弃城逃走，镇海遂于当天下午落入敌手。10月13日，英军又攻陷宁波。

清政府为挽回败局，于10月18日任命协办大学士奕经为扬威将军，侍郎文蔚和副都统特依顺为参赞大臣，前往浙江，并从江西、湖北、四川、陕西等省调集军队。奕经携带大批随员南下，一路上游山玩水，勒索地方供应，直到1842年2月才到达浙江绍兴。3月上旬，各省援兵到齐。奕经等认为兵力已厚，决定采取"明攻暗袭，同时并举"的方针，一举收复定海、镇海、宁波三城。具体部署是：水路（东路）以乍浦为基地，陆续渡海，潜赴舟山各岛及定海城内外，预为埋伏，候期举动。陆路（南路）分为两支：一支集结在慈溪西南15公里的大隐山，准备进攻宁波；另一支集结在慈溪西门外的大宝山，准备进攻镇海。

英军对清军的作战意图已有所了解，并作了相应准备。3月10日夜，清军攻击开始。从大隐山出发进攻宁波的一路一度冲入城内，但在英军阻击下不得不陆续撤出战斗，反攻宁波没有成功。进攻镇海的一路，由于英军已有准备，清军虽经三次冲锋，也没能攻入城内。水路进攻定海的计划也没有成功。

第二章 西方殖民势力冲击下的中国近代海疆

清军反攻失败后，主力集结在慈溪大宝山和长溪岭一带。英军决定乘胜发动新的进攻。3月15日，英军进攻慈溪，占领大宝山、长溪岭清军营地。清军退往绍兴。3月20日，奕经逃回杭州。为推卸战败责任，他在奏折中除强调英军"船坚炮利"外，还大肆诬蔑浙东到处汉奸充斥。浙江巡抚刘韵珂则提醒道光皇帝注意国内人民可能趁机揭竿而起。道光帝鉴于广东和浙东两次反攻均遭失败，又害怕人民起义，于是在对英态度上由忽战忽和转而采取一意求和，并派投降派耆英、伊里布赶赴浙江前线，办理乞和事宜，并准备释放英俘。

但是，此时的英国侵略者认为议和的时机还未成熟，还不足以胁迫清政府接受它的全部要求，决定继续进攻。1842年5月，英军为了集中兵力，退出宁波、镇海，进犯海防重镇乍浦，遭到守军的坚决抵抗。17日，乍浦陷落。6月中旬，英军开始进入长江。6月16日，英军向吴淞炮台发起进攻。两江总督牛鉴闻风而逃，士气大受影响。江南提督陈化成率部抵抗，亲自操炮轰击敌舰，最后和守台士兵百余人一起战死。吴淞口失陷，英军随即侵占上海。

英军攻陷吴淞口后，清廷一面催促耆英、伊里布等由浙江驰赴江苏，加紧议和，一面加强天津地区防务，防止英军北犯，而对长江下游的防务，仍未给予足够重视。7月下旬，英军进攻镇江。副都统海龄率领守军奋起抵抗，与敌人展开巷战和肉搏战，许多清军宁死不屈，有的杀死自己的妻儿，然后与敌人拼死搏斗，直至牺牲。海龄督战到最后，也自杀殉国。镇江随之失守。

镇江失守后，英国军舰于8月间闯到南京江面。耆英、伊里布等赶到南京议和。在英国侵略军的胁迫下，全部接受了英国提出的议和条款，订立了中国近代史上第一个不平等条约——《南京条约》。第一次鸦片战争至此结束。

三 鸦片战争意义

鸦片战争是清代历史发展的转折点,有学者评价:

> 鸦片一案,则为清运告终之萌芽。盖是役也,为中国科学落后之试验,为中国无世界知识之试验,为满洲勋贵无一成材之试验。二百年控制汉族之威风,扫地以尽,于清一代兴亡之关匪细也。[①]

更为重要的是,鸦片战争使中国历史上首次出现了威胁中央王国的、不同于传统海寇的新兴海洋势力。面对这个三千年未有之变局,中国的国防战略需要作出艰难调整。有学者指出:

> 英舰的叩关,引起了当时先进的中国人的思索:为什么西方人敢于这样肆无忌惮地到中国沿海来横行?中国人怎样才能够抵御西方人的坚船利炮?得出的明确结论是:学习西方人的"长技"。海防思潮就这样开始兴起了。[②]

晚清持续70年的近代海防思想发端于此——清代中国开始从传统海防思想向近代海权思想逐渐转变。

[①] 孟森:《清史讲义》,广西师范大学出版社2005年版,第310页。
[②] 戚其章:《晚清社会思潮演进史》,中华书局2012年版,第48页。

第三章 两次鸦片战争期间(1840—1860)海防思想

1840—1860年两次鸦片战争期间,由于面对英法等西方国家军队从海上入侵的严峻形势,中国对外防御的重点不得不从西北内陆转到东南沿海。海防问题成了人们关心和议论的一个重要问题。中国有识之士开始重视海上防御并提出了一系列相关的策略、主张,构成了近代早期的海防思想,林则徐、魏源和刘韵珂等是其中的代表人物。近代早期海防思想虽更多与中国古代传统海防思想相近,但也有与新时代相适应的内容,可算得上是近代海权思想的萌芽。

第一节 林则徐海防思想

林则徐(1785—1850),福建省侯官人,曾任湖广总督、陕甘总督和云贵总督,1839年前往广东禁烟,虎门销烟成为鸦片战争的导火索。作为鸦片战争的参与者,林则徐在战争期间和战争之后都有对中国海防的建议、反思,对此,可从他遗留的奏稿和信件中整理出他大致的海防主张。

一 林则徐海防思想背景

林则徐作为中国近代海防论的先驱，其海防思想建立在对外情了解的基础之上。他认为，由于"夷性靡常"，又船坚炮利，所以必须"时常探访夷情，知其虚实，始可以定控制之方"[①]。他采取各种方法了解"夷情"，多方罗致人才，广泛搜集和翻译有关外国的各种资料。

林则徐首先聘请通晓英文的人士组成翻译小组，从事翻译西方报刊和图书的工作。他曾经聘请的人士主要包括来自北京四译馆的亚孟，在美国接受教育的林阿适，在澳门接受教育的梁进德，马来西亚归国华侨袁德辉等人。他还要求其幕僚、买办、随员、洋商翻译在与洋人的交往中，注意搜集情报，他们"皆是有些才能之人，将打听出来之事，写在日记上，按日启呈递登于簿上"[②]。此外，林则徐不仅通过自己与西洋人接触的机会广泛了解西方，还与当时关心世界的知识分子进行交流探讨。

林则徐自1839年3月到广州至1841年5月离开广州期间，组织翻译的主要报刊与书籍包括：根据外国报纸翻译整理的《澳门新闻纸》和《澳门月报》；根据英国人德庇时所著《中国人》翻译的《华事夷言》；根据瑞士人滑达尔所著国际法著作翻译而成的《滑达尔各国律例》；根据英国人慕瑞所著《世界地理大全》翻译而成的《四洲志》。以上各书在某种程度上为魏源撰写《海国图志》提供了丰富的素材。

从林则徐"探访夷情"与其海防思想形成的关系来看，他通过

[①] 《林则徐集·奏稿》中册，中华书局1965年版，第765页。
[②] 中国史学会：《鸦片战争》第2册，上海书店2000年版，第412页。

探访夷情对当时世界的海外诸强有了初步认识,对西方的坚船利炮有了基本了解。林则徐能够最早提出建立近代海军的构想,与他较为全面了解西方政治、军事技术等信息密切相关。

初步了解了西方国家的政治、经济形势。林则徐当时已经了解到英国、美国、法国、荷兰、大小吕宋、奥地利、普鲁士、丹麦、瑞典等国家的存在,其中英国最称强悍:"查英吉利在外国最称强悍,诸夷中唯米利坚及佛兰西尚足与之抗衡,然亦忌且惮之,其他若荷兰、大小吕宋、连国、瑞国、单鹰、双鹰、甚波立等国到粤贸易者,多仰英夷鼻息。自英夷贸易断后,他国颇皆欣欣向荣,盖逐利者喜彼绌而此赢,怀忿者谓此荣而彼辱,此中控驭之法,似可以夷治夷,使其相间相睽。"①

初步了解了西方国家的军事实力。通过探访夷情,林则徐认识到洋面水战,是西方人的长技。林则徐还根据《澳门新闻纸》记载,对西方国家的海军力量也有了初步的了解,探得英吉利有兵 10 万,战船 530 只,共载大炮 23000 门;佛兰西有兵 35 万,战船 220 只;俄罗斯有兵 25 万,战船 130 只。

二 林则徐海防思想内容

1. 建设强大水军的战略思想

林则徐根据鸦片战争期间中英两国军事战略和战场胜负结果,认识到建立强大水军以抵御外敌侵略,是保卫国家海防的长远之计。

林则徐通过观察战争过程,总结出了带有规律性的近代战争

---

① 《林则徐集·奏稿》中册,中华书局 1965 年版,第 794—795 页。

特点，指出英军的实力已经所向披靡，中国完全不是其对手。如果海面更无船炮水军，将导致"逆夷到一城邑，可取则取，即不可取，亦不过扬帆而去，又顾之他。在彼无有得失，何所忌惮，而我则千疮百孔"[①]。因此，要想在海面击败西方人，如果不发展我国的海上力量，将自取败。林则徐主张必须建立一支可以与之相对抗的船炮水军。如果拥有大船百只，中小船50只，大小炮千位，水军5000人，舵工水手1000人，那么中国广阔的南北洋都可到达。水军可以往来海中，追南逐北，彼所能往，我亦能往。西方侵略者远道而来，多以舰队为进攻基地，我国如有大帮水军与其追逐巨浸之中，西方人哪敢舍船而踏上陆地而占我城垣！如此则会彻底改变我国被动防守的局面，也可减少岸上防军的兵力部署，避免大范围地征兵而节省军费。反之，如果没有一支机动、火力强大的水军，我国的海防将防不胜防。"要之船炮水军断非可已之事，即使逆夷逃归海外，此事亦不可不亟为筹划，以为海疆久远之谋。"[②]

　　基于以上认识，林则徐上书清廷，要求拨出经费建设水军。林则徐指出，以船炮而言，本为防海必需之物，虽一时难以猝办，但作为长久之计，也不得不先事筹划。林则徐主张用粤海关盈余的收入置炮造船。

　　林则徐创建"船炮水军"的计划遭到道光帝的呵责，因而他的"筹计船、炮，建设水军"的拟议没有得到清朝统治者的理睬。林则徐是晚清倡导近代海军第一人，对于中国海防战略思想的发展乃至对整个中国的近代化进程都产生了深远的影响。

---

① 《林则徐书简》，福建人民出版社1985年版，第182页。
② 同上。

2. 加强新式船炮装备和水军的建设

随着鸦片战争的发展,林则徐进一步意识到了"船坚炮利"才是最为有效的海防主导。为了迅速应对西方从海上威胁,林则徐主张采取西方船炮技术以加强中国水军实力。

林则徐通过战争的实践敏锐地觉察出传统海防观的弊端,认识到落后的武器是战争失败的根源,深刻认识到英国实力的强大在于"洋面水战,系英夷长技"。他认为中国师船与英国战船相比,有多方面的差距,即中国师船其大不如英船,其坚不如英船,其炮不及英船多且利,发现洋炮确实比中国的土炮先进。"彼之大炮,远及十里内外,若我炮不能及彼,彼炮先已及我,是器不良也。彼之放炮,如内地之放排炮,连声不断,我放一炮后,须辗转多时,再放一炮,是技不熟也。求其良且熟焉,亦无它深巧耳。"[①] 林则徐认为这种差距会导致中国师船到外海作战时将处于十分不利的境地。因而主张学习西方的长技,必须"另制坚厚战船,以资制胜",达到"造船必求其坚,制炮必求其利"的目标。林则徐的这一构想后被魏源概括和升华为"师夷长技以制夷"的思想。

林则徐加强水军船炮力量的具体措施如下:

其一,购买和建造新炮。林则徐首先通过自造和购买火炮从而缩小与西方的差距。林则徐组织编译有关西式大炮瞄准发射技术的书籍,其中有专门论述重炮的内容。在此基础上,他提出了"先购买夷炮"的主张:由于恐铸炮不及,且不得法,则先购买夷炮。不久又仿造西炮,仅在佛山一地铸造8000斤火炮14门。对于大炮的操作方法也非常重视:水上备一坚固之船,安炮对山打去,其山上

[①] 《林则徐书简》,福建人民出版社1985年版,第171—172页。

两头设栅拦截，必不至于伤人。并须堆贮大沙袋，每袋约长四五丈、宽二尺余，堆成横竖各一丈、高七八丈，以为炮靶。对靶演放，既有准头，而炮子之入沙囊，深至多少尺寸，能否沙可挡炮，都可以得到确切凭证。他在《英夷续来兵船情形片》一文中写道："所有虎门各炮台，先已添建增修，与海面所设两层排链，相为表里。犹恐各台旧安炮位，未尽得力，复设法密购西洋大铜炮，及他夷精制之生铁大炮，自五千斤至八九千斤不等，务使利于远攻。"①

其二，购买和建造新舰。林则徐积极仿造西船的试验，购买了一个美国陈旧的、排水量为1200吨军舰"剑桥"号作为巡洋舰。此后又先后购备西式火船20余只。林则徐还以海疆战舰关系匪轻，屡思设法成造坚固大船，以壮水师声势，提倡仿制西船。他精心搜集了中外多种战船资料，仿造"底用铜包，篷如洋式"的两艘双桅战舰。广东绅士潘仕成捐造的一艘达到了较高的水平，该舰仿照西方船只的做法，木料板片极其坚实，船底全用铜片，调拨水师营弁兵驾驶，逐日演放大炮，轰击力量巨大。后来又照此船加长续造新船一艘，船身长13丈有余，两层安炮，共40位，分列子母炮数十杆，可容300余人。不过由于技术水平和资金限制，大部分林则徐所仿造之船没有达到预期目标，如与西式战船相比，其船式之高低大小，木料之坚脆厚薄，都有较大差距。这些仿制船即使可驾驶出洋，但木料板片未能一律坚致，亦难御敌。仿制船只仅可备内河缉捕之用。

他在被革职离开广州前，仍认真建议奕山制造坚厚战船，以资制胜。林则徐在镇海还将悉心绘存的战船图式送给汪仲洋等人，以

---

① 《林则徐集·奏稿》中册，中华书局1965年版，第828页。

便迅速扩大制造新式的先进舰船。

3. 近岸防御战略

对于紧迫的海防任务和无法迅速改变的水军现有装备条件，为了战胜敌人，林则徐根据实践斗争经验，对敌我双方的实力进行了分析，提出"以守为战，以逸待劳，为计之得"的对策，认为"器良、技熟、胆壮、心齐"是"剿夷八字要言"，主张择地固炮台、造大炮、采用火攻、设奇伏、召义勇等手段，最终确立了以守海口为主的近岸防御思想，这是一种"以守为战"的海防战略思想。

为实现"以守为战"的战略，林则徐制定了相应的战术战法：一是"出其不意"；二是"攻其头尾"；三是"雁翅形"阵形；四是各种兵器配合使用；五是"四角合攻"；六是火攻；七是"胆大气盛者必胜"。他认为"快"是海上破袭战的灵魂，火攻是主要攻击手段。在敌强我弱的情况下，可行的办法是以己之所长攻敌之所短。为此，他制定了火攻战术，要求师船占住上风，相度机宜，于风潮顺利之时，始令进发。其具体做法是：下令水师不必在洋攻剿，只需固守口岸藩篱，准备火船，乘月黑潮退，出其不意，分起潜出，乘上风攻其首尾，火器皆从桅掷下。同时以小船潜伏岛屿，随时攻扑，先链钉夷船四旁，使受火一时难脱。

林则徐制定的近岸防御战略基于他对英国海陆军的初步认识。

对于英国军舰特点的认识。林则徐认为，英国的军舰自身有着难以克服的弊端：外国兵船笨重，吃水深至数丈，只能取胜外洋，破浪乘风，是其长技。如果我们选择不与之在洋接仗，外国长技即无所施。外国船只至口内则运转不灵，一遇水浅沙胶，更难转动。因此，清军应该避免在海洋深处与英军交手，而是诱敌深入，将英舰引入内河。清军则在近岸布置妥当，以守为战，以逸待劳，可保百无一失。

对英军的步兵战斗力的认识。林则徐认为,英军除了战舰吨位大和枪炮先进外,英军人数有限。除枪炮之外,击刺步伐,都是英军不擅长的。英国人腿足缠束紧密,屈伸皆所不便,如至岸上,更无能为力。林则徐坚信英军只会海战而不擅陆战,清军只要不与它在外洋接仗,英军的优势就无所发挥。

三 林则徐海防思想评价

在当时的历史条件下,林则徐制定以守为战的海防总体策略,正是建立在对英军陆战能力的估计不足,对清军陆战能力的盲目乐观上的单纯认识。林则徐把强化广东海防上的重点放在陆地的炮台上,主要是以陆地战争为原则,在作战指导上致力于诱敌深入,力图通过陆地上围歼来犯敌军以巩固海防。这种消极的海防观念,在当时应该说不是林则徐个人的失误,而是"重陆轻海"传统国防观念衍生而来的海防观。

随着战争形势的发展,林则徐越来越看到采取"弃大洋,守内河。以守为战,以逸待劳,诱敌登岸,聚而歼之"的海防总体策略对战争的负面影响。如果没有制海权,在我国万里海岸线上,采取分兵把守的战略,就无法集中优势兵力,处处陷于被动挨打中。他在《致吴嘉宾》书中写道"至逆船在海上来去自如,倏南倏北,朝夕屡变,若在在而为之防,不惟劳费无所底止,且兵勇炮械安能调募如此之多、应援如许之速?徒守于陆,不与水战,此常不给之势"①。林则徐开始充分看清了制海权的重要性,重新认识中国传统

---

① 《林则徐书札手迹选》,紫禁城出版社1985年版,第46页。

海防观的弊端和西方海上强敌的长技,开始对海防思想在认识上进入了一个新的发展历程。

在近代中国历史上,林则徐是首倡建设海军的思想先驱。林则徐的海军建设思想建立在对英国海军力量的初步认识基础之上,并伴随中国民族危机的加深而不断深化。林则徐作为中国近代杰出的政治家、思想家,其"师夷长技"以及建立大洋海军的新思想,突破了传统海防观念,成为主张近代海防思想的重要代表之一。

第二节 魏源海防思想

魏源(1794—1857),字默深,湖南邵阳人。早年学过王守仁的心学,以后学习公羊学,注重经世致用。他与林则徐、姚莹、龚自珍等关系甚密,特别是与龚自珍交往很深。曾先后应江苏布政使贺长龄之聘编修《皇朝经世文编》,为两江总督陶澍、江苏巡抚林则徐等筹议漕运、水利、盐政等经济改革,以擅长经世学而知名。魏源编撰《海国图志》《圣武记》和《道光洋艘征抚记》等著作。

一 魏源海防思想背景

魏源7岁从塾师刘之纲、魏辅邦读经学史,9岁赴县城应童子试,1810年庚午科取秀才。明年辛未岁试补廪膳生。1813年癸酉科选拔贡。1822年壬午科中举人第二名。1825年受江苏布政使贺长龄之聘,辑《皇朝经世文编》120卷;又助江苏巡抚陶澍办漕运、水利诸事,撰《筹漕篇》《筹鹾差篇》和《湖广水利论》等。1829年魏源应礼部会试落第,捐内阁中书舍人候补。1844年魏源再次参加礼部会试,中进士,以知州用,分发江苏,任东台、兴化知县。在改革盐政、筑堤治水方面功绩卓著。可以看出，鸦片战争前的魏源深受传统经世致用思想的影响。

1840年爆发了鸦片战争，魏源入两江总督裕谦幕府，直接参与抗英战争，并在前线亲自审讯俘虏。1842年完成了《圣武记》，叙述了清朝开国到道光年间的军事历史及军事制度。魏源还依据林则徐所辑的西方史地资料《四州志》，参以历代史志、明以来《岛志》及当时夷图夷语编成《海国图志》50卷，后经修订、增补，到咸丰二年成为百卷本。它囊括了世界地理、历史、政治、经济、宗教、历法、文化、物产。对强国御侮、匡正时弊、振兴国脉之路作了比较深入的探索。魏源继承和发扬林则徐开创向西方学习思潮，实际是经世致用在新形势下的发展，且因注入了新的经世内容而更加富于时代色彩。

二 魏源海防思想内容

魏源的近代海防思想是其思想的重要组成部分，内容大致如下：

1. 师夷长技以制夷

魏源进一步发展了林则徐学习西方船炮技术的思想，提出了"师夷长技以制夷"的观点，成为魏源最为重要的海防思想之一。在1842年的出版的《圣武记》中，魏源提出"以彼长技，御彼长技"；"尽收外国之羽翼为中国之羽翼，尽转外国之长技为中国之长技。"[①]"以彼长技御彼长技，此自古以夷攻夷之上策。"[②] 在《海国图志》中则提出"师夷长技以制夷"；"欲制外夷者，必先悉夷情

---

① 魏源：《圣武记》卷十四，中华书局1984年版，第545页。
② 同上书，第538页。

第三章 两次鸦片战争期间(1840—1860)海防思想

始;欲悉夷情者,必先立译馆,翻夷书始"。他最后得出结论:"善师四夷者,能制四夷;不善师外夷者,外夷制之。"①

魏源在论证了学习西方技术的必要性后,对于"夷之长技"的内容也有论述。他认为西方国家的先进技术有三个方面:一为战舰,二为火器,三为养兵、练兵之法。为此中国需要学习这些方面。

其一,中国要学习西方的火炮、造船技术。魏源认识到,"盖夷炮、夷船但求精良,皆不惜工本。中国之官炮,之战船,其工匠与监造之员,惟知畏累而省费,炮则并渣滓废铁入炉,安得不震裂?船则脆薄窳朽,不足遇风涛,安能遏敌寇?""水战之器,莫烈于火炮。有守炮,有攻炮。其制莫精于西夷,其用莫习于西夷,与其制之内地,不如购之外交。"② 西式轮船,"为四夷哨探报信之利器,苟非其本国专门工匠,即出外交兵,夷商亦用之而不知其详,每遇炮伤礁损过甚,即修之而不得其法,断未易于创造"。③ 对于引进西方先进的船、炮方式,魏源主张分两个阶段进行。

第一阶段以向外国购买为主,指出"造炮不如购炮,造舟不如购舟"。购买西方船炮事宜可下令由往来于新加坡、孟买、孟加拉等地的中国商船具体承办。这些商船返回中国前,必须在当地购买几门或十几门西方大炮,回国后官方再按价收购。这种由商船顺带购买的方式比由官方直接派船去外国采购节约财力和物力。

第二阶段以仿制为主。购买外国船炮只是学习西方军事技术的第一步,最终还要达到自制船炮的目标。魏源认为,虽然英夷船炮

---

① 魏源:《海国图志》原序,岳麓书社1998年版,第1页。
② 魏源:《圣武记》卷十四,中华书局1984年版,第538页。
③ 同上。

在中国视为绝技,但在西洋各国视为平常,中国人也可以通过学习而掌握制作技术。他建议:"请于广东虎门外之沙角、大角二处,置造船厂一,火器局一。行取佛兰西、弥利坚二国各来一二人,分携西洋工匠至粤,司造船械,并延西洋柁师司教行船演炮之法,……选闽、粤巧匠精兵以习之,工匠习其铸造,精兵习其驾驶、攻击。计每艘中号者,不过二万金,计百艘不过二百万金。再以十万金造火轮舟十艘,以四十万金造配炮械,所费不过二百五十万,而尽得西洋之长技为中国之长技。"①

其二,中国要学习西方的养兵、练兵之法。西洋之长技除了船炮之外,更在于先进的军事制度。西方养兵、练兵等军事制度也是中国需要学习的重要内容。对于西方的军事制度,魏源以葡、英两国兵为例指出:"澳门夷兵仅二百余,而刀械则昼夜不离,训练则风雨无阻。英夷攻海口之兵,以小舟渡至平地,辄去其舟,以绝反顾。登岸后则鱼贯肩随,行列严整,岂专恃船坚炮利哉?"如果仅凭先进的硬件技术而无相应的一整套军事制度,硬件无法发挥其应有的作用:"无其节制,即仅有其船械,犹无有也;无其养赡,而欲效其选练,亦不能也。"② 因此,魏源不仅主张更新水军的船、炮装备,也建议从两个方面改革清朝的军事制度。

一方面,清军需要裁汰冗员,减少军队数量,增强军队的战斗素养,如此则可以集中有限的物资力量养一支能机动作战、打胜仗的精兵,最终不仅达到粮不加而足,舰队也可以昼夜千里、朝发夕至的目标。另一方面,清军也需改革指挥系统。魏源主张在武科举中增设水师科,不拘一格地选拔熟悉海军装备和指挥艺术的将领,

---

① 《魏源集》,中华书局1983年版,第869—870页。
② 同上书,第874—875页。

"有能造西洋战舰火轮舟，造飞炮火箭诸奇器者，为科甲出身。能驾驶飓涛，能熟风云沙线，能枪炮有准的者，为行伍出身"；"皆由水师提督考取，会同总督拔取，送京验试，分发沿海水师，教习技艺"；"凡水师挂官，必由船厂火器局出身，否则由舵工水手炮手出身，使天下知朝廷所注意在是。不以工匠舵师视在骑射之下，则争奋于功名，必有奇材绝技出其中。"①

对比魏源和林则徐的"师夷长技以制夷"的思想，二人的共同之处在于都认识到了西方的优势在于船坚炮利，故船炮为中国海防必需之物。但是，魏源对西洋长技的理解却比林则徐更为深刻，他认为西洋的长技不只是船炮，还有养兵、练兵等西方军事制度，这已经冲破了中国士大夫"夷夏之防"的传统的保守观念。魏源"师夷长技以制夷"的思想不仅构成了魏源探索近代中国社会变革的指导思想，而且也构成了其军事变革与海防战略思想的指导方针。

2. 内河防御战略

魏源坚持内河防御战略，主张"守外洋不如守海口，守海口不如守内河"的思想："口门以内，守急而战缓，守正而战奇；口门以外，则战守俱难为力"；"守远不若守近，守多不若守约，守正不若守奇，守阔不若守狭，守深不若守浅。"② 对于守的重要性，魏源指出："自夷变以来，推幄所擘画，疆场所经营，非战即款，非款即战，未有专主守者，未有善言守者。不能守，何以战？不能守，何以款？以守为战，而后外夷服我调度，是谓以夷攻夷；以守为款，而后外夷范我驰驱，是谓以夷款夷。"③ 以守为主的内河防御战

---

① 《魏源集》，中华书局 1983 年版，第 839 页。
② 同上书，第 841 页。
③ 同上。

略成为魏源海防思想的重要内容。

　　魏源对于实施内河防御战略的原因进行了论证。在他看来，我方水军没有实力在外洋与敌方展开抗衡。魏源认为，由于西方船炮的优势，我国水军在外洋作战有四大困难：其一，我军之御敌方法，主要采取炮击或火攻，但西洋兵船既大且坚，我炮很难奏效，而且也绝无可能泅到水底凿沉西洋军舰。其二，如果派遣火舟出洋焚烧敌船，由于敌船底质坚厚，焚不能燃。加之敌船桅斗设有瞭望哨，船上哨兵持望远镜瞭望远处，我方的火舟尚未靠近，敌船早已弃碇驶避。其三，敌船三五为帮，分泊深洋，四面棋布，并不连樯排列。我方火舟攻其一船，则其他敌船之炮皆可环击；纵使月黑风高夜乘潮突袭，最多只能击伤一二艘，无法大创敌军。其四，海战取胜关键在于掌握风向。我方水军如与敌军久战于海，因为辽阔的海洋面积和敌船的灵活性，敌船往往很快就能从下风转为上风，我军很快就会落败。

　　面对我水军在外洋作战的四大困难，为了取得最后胜利，我水军必须避免在外洋与敌军作战，诱敌深入内河，执行彻底的内河防守战略。

　　如果敌军船只驶入内河，船只受到河道宽度限制而鱼贯纵向排列，敌船无法形成棋错四布的阵形。我方只需在河道上游选择一处浅狭要隘沉舟亘筏即可阻遏敌船前行，再以河道两侧的沙垣大炮作为策应。完成上游的布局之后，再往河流的下游处设置桩筏以断敌船后路，最终形成关门打狗之势。随后，我军可乘风潮，选水勇，或驾火舟，首尾连环攻击敌船。或者使用广东仿制的西洋水雷，利用黑夜掩护，派人泅送至船底，出其不意一举而轰裂敌船。由于敌船被限制在狭窄的河道而无法如外洋那样随意驶避，也无法互相救应。如果敌兵分兵登陆，绕我后路，我方则可预先挖掘暗沟截击敌人，层层埋设地雷以夺其魄。在敌船无可进退之际，我军两岸兵炮，水陆夹攻，敌船大炮无法击穿我军阵地的防护，而我方大炮则可以击到敌船。入侵者很快就会处于风涛四起、草木皆兵的窘状。敌船此时已经自救不暇，哪能回炮攻击我方。即使敌船可以向下游撤退，但下游已经由沉筏阻塞，敌船势必狼奔豕突，就在这短暂时刻，我方火箭、喷筒早已烧毁船帆，而火墙、火牛已伤及船上敌兵，我方水勇也已登上敌船，岸上步兵又扛炮以攻其后，乘上风纵放毒烟，播沙灰以迷其目，敌人哪有不被歼灭的啊！

当然，魏源以守为战的战略方针是灵活、积极的。魏源认为，专守内河或近岸御敌必须适应敌情的变化以谋求"外攻"之道："夷兵之横行大洋者，其正也；其登岸及入内河者，其偶也。夷性诡而多疑，使我岸兵有备而彼不登岸，则若之何？内河有备而彼不入内河，则若之何？""使夷知内河有备，练水勇备火舟如广东初年之事，岂肯深入死地哉？……即使歼其内河诸艇，而奇功不可屡邀，狡夷亦不肯再误。且夷贪恋中国市埠之利，亦断不肯即如安南、日本之绝交不往，此后则非海战不可矣。鸦片趸船仍泊外洋，无兵舰何以攻之？又非海战不可矣。"他进一步指出，敌舰"散泊各岸，不聚一处，即用兀术之火攻，而天时风色难必，亦不过歼其三分之一，究恐有窜出大半之舰，则亦非追剿不可矣"[①]。因此，在魏源看来，只有"内守"和"外攻"相结合，才能真正实现以守为战的目标。

3. 建立开放的经济体制

魏源已经深刻认识到近代海军的发展基础在于开放的海洋经

[①] 《魏源集》下册，中华书局1983年版，第877—878页。

济。魏源倡导大力发展工业和航运业，以推动国内外贸易发展和传统经济结构的转变。开放的海洋经济将促进我国近代海军的发展。

魏源虽然尚无法对近代资本主义生产方式有全面认识，也无法对中国与西方社会在经济结构上的差异有深刻认识，但已经明确认识到西方海外势力扩张的经济基础在于海外贸易的发展，认为欧洲列强的崛起与成功在于以"商贾为本计"，即以工商立国，他引《瀛环志略》说："欧罗巴诸国皆好航海，立埔头，远者或数万里，……彼以商贾为本计，得一埔头则擅其利权而专于我。荷兰尤专务此业。（荷兰）地本弹丸，而图国计于七万里外，历数百年而不改，亦可谓善于运筹者欤！"[①] 海上强国英国则"皆务工勤商，早夜经营之效，由人烟稠密，户口繁滋，田园不足于耕，故工匠有三十五万户，多于农夫三之一，不止贸易一国一地，乃与天下万国通商也"[②]。西方国家实行以工商立国的国策促使他们向外开拓，占领市场和殖民地，最后发展出强大的海军力量："西夷之海艘，坚驶巧习，以其恃贸易为生计，即恃海舶为性命也"[③]。

对于大清水师极大落后于西方，魏源的分析也是基于中国封闭的自然经济之上的。中国水师的船只，如无海贼警讯，则终年停泊基地。即使有巡洋会哨的要求，这些船只由于质量很差，也都在近海荒岛巡游，绝不敢远涉大洋。为改变这种局面，魏源主张中国船炮水师的建立必须将军事建设与民用经济相结合。战舰在和平时期可用于我国从天津到广州漫长海岸线的护运任务。对出洋贸易的商船，经商家申请后，也可派战舰出洋护航。战船还可用于邮递、传

---

① 《海国图志》卷四十，岳麓书社1998年版，第1180页。
② 《海国图志》卷五十一，岳麓书社1998年版，第1407页。
③ 《圣武记》卷十四，中华书局1984年版，第545页。

递信息等其他用途。战船经常出没海面,还可实施海南救助、侦察地形的作用。因此,水师的发展需与经济发展、对外贸易相联系,二者相互促进、相互依存。如此,水师的发展才有雄厚的基础和持久发展的动力。

4. 开展南洋垦殖事业

魏源认识到欧洲国家的崛起与其殖民事业、海上霸权息息相关,他引《万国地理全图集》说:"欧罗巴内城邑大兴,并操自主之权,始知印书,知制火药,初造罗经。自明嘉靖年间,舟楫无所不至,初寻出亚默利加大地,次到印度国,后驶至中国,通商日增,见识日广。此时欧列国万民之慧智才能高大,纬武经文。故新地日开,遍于四海焉。"[①]

对于当时最为强大的国家英国殖民扩张,魏源给予特别关注。在欧洲列强的海洋争夺中,英国已经获得了掌控世界海洋霸权的优势,这种优势的建立与英国极力推行海外殖民政策密切相关。英国本土虽然狭小,但本土之外,英国所割据他洲之藩属国甚多。英国人殖民扩张的手段,魏源也有深刻的认识:不务行教而专注商业扩张,以商业作为军事扩张的先锋,军事、商业相互促进。每当如遇有可乘之机,英国即使用大炮、兵舶占据该地海口。正是英国的殖民手段,最终形成绕地一周而皆有英国市埠的日不落帝国:"盖四海之内,其帆樯无所不到,凡有土人之处,无不睥睨相度,思睃削其精华。"[②]

除了对英国海外殖民的清醒认识外,魏源还认为英国已成为直接威胁中国的最危险的敌人,特别是南洋地区的殖民化,更使中国

---

① 《海国图志》卷三十七,岳麓书社1998年版,第1103页。
② 《海国图志》卷五十二,岳麓书社1998年版,第1447—1448页。

面临肘腋之患："英吉利者，昔以其国在西北数万里外，距粤海极远，似非中国切肤之患。今则駸駸移兵而南，凡南洋濒海各国，……皆为其胁服，而供其赋税。其势日南，其心日侈，岂有餍足之日哉？""红夷东驶之舶，遇岸争岸，遇洲据洲，立城埠，设兵防，凡南洋之要津已尽为西洋之都会。"① 英国可以把南洋作为入侵中国的前进基地和踏板，特别是占领新加坡后："欲扼此东西要津，独擅中华之利，而制诸国之咽喉。"②

魏源深刻认识到了南洋对于中国国家权益的重要性。由于西方国家本土距离中国甚为遥远，其必然会以南洋作为侵略中国的基地。因此中国应该积极扶植南洋华人的垦殖事业，并通过设立藩镇来管理和开发南洋。为此，魏源从我国南洋开拓史中寻找依据，赞颂郑和开拓南洋的功绩，指出华人自明永乐时，三宝太监郑和等下西洋采买宝物，至今通商，来往不绝。于冬至后厦门开船，二十多日即可到达雅加达，连衢设肆，中外互市，贵贱交易。富商大贾，从南洋贸易中获利更多。华人在南洋除进行贸易外，还有很多人从事开矿和耕种。但是，随着西方殖民者的东来，开始对中国传统的南洋贸易进行排挤、打压，我国的商业利益、国家税收遭受严重损失。

面对中国在南洋固有利益受损的局面，中国应有应对之策。魏源根据在西方国家对南洋地区势力达不到之处尚有华人居住的局面，建议加强对这些地区的开发力度，甚至建立独立的华人垦殖地。如婆罗洲的内地，是古今华人聚集之地，其中广东嘉应州人最多，或开肆，或采金沙，或贩锡、藤、胡椒、乌木，也有富商建广

---

① 《海国图志》卷五，岳麓书社 1998 年版，第 348 页。
② 《海国图志》卷九，岳麓书社 1998 年版，第 443 页。

屋者，也有务农者。婆罗洲的腹地多高山，每年掘金沙者有20万人，所掘金沙约10万两有余。如果每月一人出金一两多，建立管理其地的基金，再选择汉人自立首领，就可成为独立地区，逐渐发展为我国与南洋地区贸易的重要基地，此举必将利及国家、人民。

三　魏源海防思想评价

魏源以上的海防思想内容，不仅系统全面，而且还涉及商业立国、海外开拓等深层次的制度问题，不仅是我国近代社会变革的先觉者，也是中国海权意识开始觉醒的起点。

魏源的海防思想具有超前性，是我国最早提出海权思想的思想家。魏源海防战略思想的重要意义之一，在于他将海防战略思想与世界海权竞争的态势相联系，"必使中国水师可以驶楼船于海外，可以战洋夷于海中"[①]。魏源着眼于世界时局的变化对中国的冲击和挑战，形成了将海防战略思想与经济社会发展变革、对外开拓海洋利益乃至与中国近代化进程相结合的近代的海权思想，这已经超越了其自身所处的时代。魏源的思想被后来的洋务派所采纳，对于中国近代民族工业和整个近代化进程都产生了重要的影响。

第三节　刘韵珂海防思想

刘韵珂（1792—1864），字玉坡，号荷樵，又号廉访，山东汶上人，鸦片战争时任浙江巡抚。与林则徐关系密切，是在战争初期与林则徐等一样坚决主战的高级官员之一，后曾仕至闽浙总督。第

[①]《魏源集》下册，中华书局1983年版，第870页。

一次鸦片战争爆发后,刘韵珂临危受命,从四川布政使擢升为浙江巡抚,成为举足轻重的封疆大吏。在整个战争过程中,刘韵珂亲身经历了由于清朝海防松怠、武备废弛所遭受的惨痛失败。战争结束后,他及时地总结了经验和教训,足迹踏遍几千里的浙江海岸,经过与同僚和幕友的反复商酌,于1843年向朝廷呈奏了著名的浙江善后事宜折《海防二十四条》,受到朝廷上下的一致褒扬。《海防二十四条》也立即成为清政府整饬海疆重要依据,并在沿海各省份广为推广。《海防二十四条》是刘韵珂军事变革思想的集中体现,也充分表达了刘韵珂的海防思想。

一 刘韵珂海防思想背景

中英第一次鸦片战争在广东沿海首先打响,浙江沿海是其最主要的战场。战争一开始,清政府试图依仗水师御敌于国门之外。然而中英两国水军存在着十分明显的差距,英国海军官兵的海战经验是清朝水师所无法比拟的。再加上清军水师废弛已久,缺训少练,战斗力几乎丧失殆尽。就装备的因素来看,英国兵舰是当时世界上最先进战船,不但使用了机器动力,航速极快,而且每一艘战船上也装载了几十门乃至上百门的大炮,这些大炮射程远,命中率很高,有的时候只需几炮,就能使清军望而生畏,闻风丧胆。而清军水师的战船又小又少,全凭人力摇桨,不但航速慢,而且载炮数量少得可怜,稍大一点的战船前后各载大炮一尊,它们的射程特别短,也不灵活。由于船小不稳,大炮命中率低得可怜,不能对敌人形成威胁。因此,中英两国水军一交手,清军水师便溃不成军,大败无归。英军封锁珠江口、攻陷厦门、两取定海、占领镇海等战役就说明了一切。

第三章　两次鸦片战争期间(1840—1860)海防思想

到了鸦片战争的第二阶段，裕谦代替伊里布任钦差大臣，清军基本上放弃了水师，专固陆防。早在1840年，两江总督裕谦就上奏道光帝，从五个方面阐述了要舍水就陆的原因。他在奏折中讲道：英国船宽有三四五丈不等，长有二三四十丈不等，厚有尺余。较我兵船及闽、广大号商船，均大几倍。英国船只布篷铁锚，机关便利，在大洋之中行止甚速，随处可以寄泊。我之船箬篷木锭，在大洋必须择地而泊。我方如果另造先进船只，不但旷日持久，缓不急用，且无此等木料，此等机巧。即使船能造成，而乏驾驶此等大船之人。英国海军士兵终年在船，与海相习，占据定海已逾半年，附近之形势沙礁皆已熟悉。我之兵船向皆画地而巡，即使商民船只也都各有一定贸易口岸而对其他地方不熟悉。英军大炮安于船内，兵亦藏于船内，我方施放枪炮，无法击伤英兵。以上五种不利条件，使我军不得不采取舍水就陆的策略，利用我方的长处攻击敌方短处。

舍水而就陆的战略是清军不得已而为之的权宜之计。鉴于此，作为浙江巡抚的刘韵珂便萌生了整饬并强化水师的念头。战争结束后，刘韵珂几乎走遍了浙江的几千里海疆，遍访船工百姓及水勇，及时总结战争中的经验和教训，积累了大量的材料，并于1843年上奏道光帝，从24个方面详细阐述了浙江省海疆防御事宜，历史上称之为《海防二十四条》。

二　刘韵珂海防思想内容

1. 关于强化水师建设的建议

刘韵珂《海防二十四条》中的第一条就是关于重视水师，强化海防的策略。主要包括以下几个方面的内容：

把提标左营的734名陆路兵丁改为外海水师，并配备兵船。

应在海盐县的澉浦添设外海水师一营，并驻扎都司、千总、把总各1员以资接应。

海宁州应添设内河水师一营，设内河水师都司、千总各1员，把总2员，兵丁400，即命为海宁营，以卫根本。

水师应以巡缉操练为主，官兵要深谙水技，要奖优罚劣。

水师额设战船，应俟同安梭船造成试验后，按营分别按设。

钱塘江内应设相宜船只，以习水战。

水师应招募善于泅水之人，教习各兵，以广兵技。

沿海城寨应择要修复，以备藏伏兵船，分艘抄袭。

二十四条建议的核心内容就是增加水师编制规模，改进水师部队装备，加强训练以提高水师官兵的战斗素质。

另外，1840年，针对外国商船来我国做生意，不经政府检查货物和按律纳税直接与商民谈生意的做法，刘韵珂上书道光皇帝，要求政府制定一部完整的对外贸易条款。这对于保卫中国领海，保护关税权，维护我国的司法、海关等主权，防止列强侵入内地和白银外流都起到了积极的作用。

2. 关于改革陆军体制和训练内容的建议

第一次鸦片战争爆发后，英军凭借先进的装备和猛烈的炮火封锁珠江口，而后，驾船北上，继而占领厦门、定海等地，包括林则徐等在内的许多封疆大吏认为，英军擅长水战，而清军则长于陆战。如在海洋上与英军接仗，则等于以卵击石，清军必败。因此要以我方之长攻其之短，即所谓的以我之可恃，攻彼之不可恃。刘韵珂在1841年给皇帝的奏折中也认为，只有雇健壮乡勇，预备陆战，以我所长攻彼所短，才能制胜。因此，弃水战而就陆战便成为当时朝廷上下的一致赞同并拥护的对英策略，清军把胜利的希望全都寄托在与英军的陆战上面，只等英军在登陆后束手就擒大败而归。可是令他们意想不到的是，清军不但水师不能战，其陆军更是一败涂地，造成了定海的再次失守，镇海、宁波、乍浦等地也相继陷落，钦差大臣裕谦、定海三总兵等一大批将士为国捐躯。水军不能依，陆军皆连败，兵见夷即溃，民见兵就跑；兵不依官，官不依民，官兵心不一，军民心不齐；文官爱财，武官惜命；官不能护民，则民不聊生，兵不能卫国，国即无宁日；战即败，守亦败。

面对这种局面，刘韵珂在《海防二十四条》中提出了改革清军陆军体制和训练内容，以增强陆军战斗力。

将浙江全省陆路兵数的三分之一改为专练鸟枪和火炮，要加强训练，一年中训练的天数不能少于300天，主要训练枪炮阵法和提高命中率。每10天校阅一次，以三枪和三炮为准，凡三枪（炮）全中者赏银四钱，如每次都是全中者就记大功一次，甚至给予提拔重用。中两枪（炮）者赏银二钱，只中一枪（炮）者无赏，如果一人在三次校阅中都是一枪未中，就记过一次并给予棍责。对于演练阵法有功的将弁也给予晋级和奖励。以上所需奖赏银两，应从裁减骑兵所节省的费用中列出。

由于浙江地处江南，水田广大，又有崎岖山路，骑兵无用武之地，因此需将骑兵裁减四成。其节省费用一部分用来作奖赏，另一部分用来购买火药铅丸，以备训练之用。

提督应该每年亲往沿海各营校阅兵技，要在每年冬季由提督轻骑简从，到各镇、营、协等各水陆兵丁校阅一次。巡抚也应于每年冬季少带随从赴海宁、澉浦、乍浦将各水师校阅一次，以资督率。刘韵珂还提出要将由定海镇管辖的镇海营划归提督管辖，增加乍浦的兵力，并将该营由参将升为副将。

3. 对于开发台湾的重视

刘韵珂对祖国宝岛台湾亦倾注了大量心血，甚至不惜涉险过海，亲赴宝岛，看望慰问高山族同胞，与同胞们密切接触，频繁交往。认识到台湾是中国重要的海防基地。

1846年，清廷接到台湾淡水同知史年伯禀报，台南高山族同胞埔里等6社"求官经理"，要求朝廷开发台湾。朝廷命闽浙总督刘韵珂派员赴台调查。为了组织好这次活动，以便把台湾人民的真实情况反映到朝廷上去，刘韵珂除根据朝廷旨令将曹士桂由江西南昌县令调任台湾淡水同知外，还安排专人协助高山族搞好开发。

刘韵珂于1847年（道光二十七年四月十四日）起船过海，次日到达鹿港。他到台湾后的活动分两个阶段，第一阶段是由陆路向南，先将台湾、凤山、嘉义3营兵勇依次校阅，并将应审的案件和应办的公事一律办完，用时近一月。第二阶段是从南投县开始进山入社，履勘番社，体察水沙连番情，这也是刘韵珂此番东渡巡台的主要任务。

五月十二日，刘韵珂一行刚过浊水溪，就遇到献地生番100余人迎接。刘韵珂为奖其归附之诚，奖每人上、下衣各一件，又赏每人蓝布2尺、哔叽布2尺，番众欢呼声响彻山谷，久久不愿离去。十三日，刘韵珂弃马换坐竹舆，由集集铺进入内山，一路上刘韵珂不时看到一些着鹿皮、操竹弓小箭的山民，他们都披发跣足俯伏路旁做欢迎状。十四日，刘韵珂一行来到水里社的日月潭，他们全被此地美丽景色迷住了。在《奏报履勘水沙连六社番地体察各社番情折》中，刘韵珂写道："至水里社之日月潭，南北纵八九里，横半之。水色红、绿并分，四围层峦叠翠。潭心孤峙一峰，名朱子山；

高里许，顶平如砥。潭东溪源，网时不竭，水边渔筏零星，隐约于竹树间。是其山水之清奇，实为各社之名胜。"①刘韵珂漫步日月潭旁，与众番民登"蟒甲"同游日月潭，同登朱子山，一同团坐在古树下的草茵上，烹茗煮酒，取鲜鱼烹之炙之。之后，刘韵珂一行又巡视猫蓝、埔里、眉里、田头、水里、审鹿等番社。所到之处都受到了当地百姓的热烈欢迎。通过8天的巡视，刘韵珂对台湾内山地区的少数民族有了更深刻的了解，回省后刘韵珂亲自书写《奏报履勘水沙连六社番地、体察各社番情折》送到京城。遗憾的是道光帝听从内阁大学士穆彰阿的建议，认为生番输城献地，欲求内附，是因不谙耕种而无法生存的自全之策。如允诺番民的请求，会日久弊生。清廷最终没有批准刘韵珂的开垦番地的建议。

三　刘韵珂海防思想评价

刘韵珂作为经历了一场失败战争的封疆大吏，对战争失败的原因及整改的对策作一认真的思考和探索，向朝廷提出了《海防二十四条》，集中反映了刘韵珂鸦片战争之后调整过的海防思想。刘韵珂提出的改革传统水军、陆军的建议，是鸦片战争之后海防思想与战略的重要组成部分。

第四节　两次鸦片战争期间海防思想评价

两次鸦片战争之间，由于英国等西方国家从海上给予大清沉重打击，林则徐、魏源等人最早大声疾呼加强海防建设，他们的海防

---

① 《台湾文献丛刊第017种·治台必告录》卷三。

思想是鸦片战争之后中国出现最早的海防思想，因而具有连接中国古代与近代海防思想之间桥梁的地位。

林则徐等人的海防思想有着浓厚的传统色彩，依然主张以陆制海，在近岸和内河进行防御，甚至使用古代中国传统兵法中的火攻对付装备了强大火炮的英国近代火轮船，这种战术就如堂吉诃德对抗风车般英勇但结果注定是悲剧。

林则徐等人的海防思想虽有局限性，但林则徐"制炮必求极利，造船必求极坚"的构想以及魏源"师夷长技以制夷"的思想，对于中国海防战略思想的发展乃至对整个中国的近代化进程都产生了深远的影响。林则徐等人的海防思想赋予中国传统海防思想许多新内容，他们无疑是近代首倡海防和海军建设思想的先驱。在鸦片战争20余年后，由深受林则徐倚重的左宗棠、沈葆桢继承，他们实践了林则徐等人的造船建军思想，于1866年在福州马尾创办了福建船政局，成为近代中国最早、规模最大、设备最完备的造船工厂，也是远东最大的造船厂。它代表了这一时期的造船水平，并培养出一批杰出的海军将领。林则徐等人的海防思想，开启了建设近代中国海军的先河。

林则徐等人的海防思想也开启了中国社会发展的新方向。他们把中国置于近代世界的时空范围内和近代世界整体的总联系中，启发了中国先进分子继续向西方寻找救国救民真理，因而成为近代中国人向西方学习新思潮的发端，标志着鸦片战争前后中国社会思潮开始转型，最终实现了从经世致用思潮到向西方学习思潮的历史性飞跃。

第四章 洋务运动时期(1861—1894)海防思想

从第二次鸦片战争结束到中日甲午战争爆发,西方列强与中国的贸易、军事往来在规模上日益扩大,冲突也日益频繁,从国防安全和政治、经济体制各方面,中国都面临着前所未有的严峻挑战。以李鸿章等为首的洋务派深感"夷祸之烈"和中国"创巨痛深",出现了一种颇具影响的"变局论",他们主张通过"师夷之长技"来应对中国"数千年未有之奇局",以挽救晚清日渐衰落的趋势,清廷的军事自强运动由此提出。在洋务派的军事自强理论中,海防思想及政策是其中重要的内容。

第一节 李鸿章海防思想

李鸿章(1823—1901),本名章桐,字渐甫(一字子黻),号少荃(泉),晚年自号仪叟,别号省心,谥文忠。李鸿章是晚清重臣和洋务派重要代表。

一 李鸿章海防思想背景

李鸿章在直隶总督兼北洋大臣任上秉政达25年,参与谋划了中央政府有关内政、外交、经济、军事等一系列重大举措，成为洋务运动的重要倡导者，也成为清廷倚重的股肱大臣。在李鸿章的国防思想中，海防思想是其重要部分。

1. 李鸿章认识到世界形势发生重大变化

1840年鸦片战争以后，来自海洋的列强一步步划分各自在华的势力范围。如何挽救国家、如何加强海防力量成了当务之急。李鸿章已经看到了进入中国门户的列强来自海上的现实情况，这对他产生了两个重要认识：第一，如今东南海疆万余里，各国通商和传教人士往来自如，纷纷云集京城以及各省腹地，表面上借着和好的名义，实际上如果"一国生事，诸国构煽"，这是"数千年来未有之变局"。第二，轮船电报速度极快，瞬息千里；军事武器装备精良，"工力百倍"，炮弹所到，无坚不摧，水路关隘，根本不足以限制，因此这又是"数千年来未有之强敌"[①]。一个是来自海外的相互勾结，是中国数千年来从来没有遇到过的形势变化；另一个是掌握着先进武器和设备的列强，是中国数千年来从来没有面对过的强敌。正是这两个"数千年未有"的局面，使李鸿章认识到世界已经进入了一个新的时代。

2. 受到西方军事著作《防海新论》的影响

1871年12月，普鲁士人希里哈的《防海新论》一书在中国问世（江南制造局翻译馆出版），引起了时任直隶总督的李鸿章极大的兴趣。当时，刚刚完成统一的德国也是一个大陆国家，在普法战争中德国的海防表现得并不突出，但却致使拥有10倍于自己的法国军舰不敢贸然进攻。《防海新论》反映的是近代德国的海洋防御思想，它认为凡是濒临海洋的国家面临战争时，如果能将本国所有的兵船安排在各个海口要害地方进行防守，禁止敌人的船只出入，

[①] 《李鸿章全集·奏稿》卷二十四，时代文艺出版社1998年版，第1063页。

这是防守本国海岸的上策。《防海新论》提倡的是实施封锁与反封锁的被动应对，而没有采取积极进攻的战略来与敌国争夺制海权。如果说美国马汉的"海权论"是积极防御的进攻性战略，那么德国的《防海新论》则采用的是保守的沿海防御思想。李鸿章研读普鲁士希里哈的《防海新论》作为自己的依据，认为可以将德国近代海防经验运用到当时的中国。

3. 对日本野心及其威胁的警惕

李鸿章清楚地认识到19世纪后半叶中国所面临的局势，深刻地体察日本对中国构成的威胁，这是李鸿章在担任直隶总督兼北洋大臣以后，思想上的一大飞跃。19世纪70年代，随着日本的崛起和侵略中国野心的显现，中日矛盾渐趋激化，李鸿章将防日作为其海防的首要目的是势所必然。他认为："泰西虽强，尚在七万里之外，日本则近在户闼，伺我虚实，诚为中国永久大患"；"日本狡焉思逞，更甚于西方，今日所以谋创水师不遗余力者，大半为制驭日本起见"[1]。1871年，李鸿章在"复黄子寿太史"函稿中指出："该国上下一心，皈依西土机器、枪炮、战船、铁路，事事取法英美，后必为中国肘腋之患。积弱至此，而强邻日逼，我将何术以处之？"[2] 面对日本的崛起，李鸿章产生了一种空前的紧迫感和压力。李鸿章的海防战略思想的主要目的之一就在于制驭日本。

二 李鸿章海防思想内容

1. 海口防御战略

李鸿章提出的海防方针是以陆地为主，从19世纪70年代开始

---

[1] 中国史学会：《洋务运动》第2册，上海人民出版社1961年版，第498页。
[2] 《李鸿章全集·朋僚函稿》卷十二，时代文艺出版社1998年版，第3510页。

就着手筹建津沽海防，并不断加强大沽海口的设防。

1874年，李鸿章在《筹议海防折》中，系统说明了以陆地为主的设防方针，主张在直隶的大沽、北塘、山海关一带，以及在江苏的吴淞口至江阴一带进行重点设防。具体防守方法有两种：其一，"守不动之法"——要求口内炮台壁垒能够抵御敌船的炮弹，炮台的大炮能够击破敌人的军舰，守口的巨炮铁船（蚊船）能够阻拦水路。其二，"挪移泛应之法"——要求兵船与陆军数量多而且精锐，随时可以出击，可以防止敌人从沿海登陆。[①]

李鸿章以此思想为指导，以战为守，改善自守内地的防御态势。李鸿章坚持其口岸防御的战略方针，致力于沿海炮台的建设。李鸿章仿照西方改建海口炮台，购买了先进的克虏伯炮，同时在大炮台周围增铸小炮台，在海口形成炮垒群。早在19世纪70年代，他首先规复了大沽口、北塘及山海关炮台，添置重炮，修复古垒，屯以重兵。进入19世纪80年代，李鸿章又拨巨款修筑了旅顺黄金山、椅子山等炮台和威海卫南北帮炮台及刘公岛炮台，并配合山东巡抚修筑了烟台东西两炮台。李鸿章动用大量人力、物力在旅顺、威海和大沽建设海军基地，使之成为"势成掎角，互为声援"的主体防御结构，以便拱卫京畿重地。又在各海口驻泊炮舰（蚊船），设置水雷，与岸上的炮台相互依托，重兵防守。与此同时，他命令淮军驻江苏各部队参加了长江沿江各主要炮台的修筑工程，以加强海口的防御能力。

2. 建设近代化海军思想

19世纪后半期，李鸿章在国防建设方面做得最大的事情，就是

---

① 《李鸿章全集·奏稿》卷二十四，时代文艺出版社1998年版，第1068页。

第四章 洋务运动时期(1861—1894)海防思想

组建了一支近代化的海军。在 1880—1885 年，李鸿章"以海为主"的战略防御思想开始出现。

李鸿章力主从国外购买坚船利炮来装备海军。1874 年李鸿章在海防大筹议中向朝廷上奏，系统提出以定购铁甲舰，组建北、东、南三洋舰队的设想，并辅以沿海陆防，初步建设形成中国近代海防的格局。李鸿章认为日本正是倚仗着铁甲舰侵略台湾，强占琉球群岛。如果清朝有了属于自己的铁甲舰，不仅可以威吓日本，而且可以让西洋诸国有所戒心。中国海军如果拥有了若干铁甲舰，再辅以快船和鱼雷艇，把海军部署在大连湾、旅顺口等地，看准时机出入海洋，拦截敌船，可以起到阻遏敌船的作用。这样一来，就可以通过组建海军，把海洋防御向海岛纵深拓展，逐渐把防线拓展到海岛。

1888 年，北洋海军成军，在编军舰共 25 艘，其中有"定远""镇远"2 艘铁甲舰，"致远""来远""济远"等 7 艘巡洋舰，以及其他辅助舰艇。舰队总排水量为 4 万吨，在当时远东地区号称第一，成为亚洲最强大的一支海军舰队。北洋水师定期活动范围十分广阔：北起朝鲜、日本东海岸和海参崴地区，南至新加坡、马六甲、西贡及马尼拉等广阔海域。

李鸿章重视海军领导机构的建设。1885 年 10 月海军衙门成立，1888 年制定了《北洋海军章程》。1888 年任命丁汝昌为北洋海军提督，林泰曾为左翼总兵，刘步蟾为右翼总兵。自此，海军中枢系统建成。

李鸿章还特别重视制器与练兵，他在 19 世纪 60 年代筹建了江南制造局、金陵机器局两大兵工厂，19 世纪 70 年代又改造扩建了天津机器局，兴建了天津淮军军械所，增大了武器弹药的生产，并在威海卫、旅顺等地组建了水雷营，旅顺还建造了船坞。通过进口与自制相结合，在19世纪70年代以后，清军的装备有了很大改观。淮军的装备在20年的时间里完成了两次更新，成为晚清装备最好的一支军队，大大缩短了清军与近代军队的装备差距。

3. 重视海军人才培养

在人才的培养方面，李鸿章在《筹议海防折》中提出，整顿海防，讲究军实，必须先造就人才。为此，他建议改革科举，设立洋学局，以广揽人才，但后被清议所驳，未能实行。但李鸿章为了"以求洋人擅长之技，而为中国自强之图"[①]，在与海防有密切关联的方面，广泛培养人才。

首先，他挑选幼童出洋学习。在李鸿章、丁日昌和曾国藩反复协商之后，由曾国藩奏请议准，确定每年选送幼童30名赴美国，15年后学成回国。前后4年，共选派120名幼童出国留学。与此同时，李鸿章还与沈保桢联合奏请选派闽厂学生出洋。自光绪三年始，先后三次选派学生78人赴英国学习海军技术。在选派学生出洋的同时，李鸿章更进一步选派武弁出洋。光绪二年选派淮军卞长胜、查连标等7人赴德国武学院学习军事技术和兵法，这是中国现役军官首次出国留学。光绪五年查连标等学成返国，李鸿章在给朝廷的奏疏中说："推中西用兵之法大略相同，惟中国选将必临敌而后得，西国选将以学堂为根基。中国军械不求甚精，操练不必甚严，西国则一以精严为主。取彼之长，救我之短，不妨参观互证，期有进益。"[②]

在人才培养方面颇为用心的李鸿章，由武弁留洋而观察到西方

---

① 《李鸿章全集·奏稿》卷三十，时代文艺出版社1998年版，第1260页。
② 《李鸿章全集·奏稿》卷三十五，时代文艺出版社1998年版，第1438页。

第四章　洋务运动时期(1861—1894)海防思想

武备学堂的价值。李鸿章奏请创办天津水师学堂，以造就北洋海军指挥人才，随后又创办北洋武备学堂，以培养清军陆军指挥员。自此以后，中国有了专门培养高级军事人才的军事院校。李鸿章在人才培养方面的诸多改革和实践，不仅为晚清洋务事业培养了大批人才，而且为20世纪初的中国造就了一批精英。

三　李鸿章海防思想评价

李鸿章根据其海防思想思谋筹划，建成北洋海军，构架成陆地、海口和海上相结合的近代防御体系，使中国海军吨位位居亚洲第一、世界第四。李鸿章加强海防的战略方针，为中国由一个内陆帝国走向海洋奠定了基础。

李鸿章所阐述的海防战略，由整饬军实，御侮保国入手，由海防而旁及经济、外交、文化等各个方面，进而形成其完整的自强观。李鸿章在提出加强海防的同时，奏疏中还提出了许多其他领域的改革措施，如兴办铁路、航运、开矿、办电报等。他认为："一切仿西法行之，或由官筹借资本，或劝远近富商凑股合立公司，开得若干，酌提一二分归官，其收效当在十年之后……若南省滨江近海等处，皆能设法开办，船械制造所用煤铁，毋庸向外洋购运，权其余利，并可养船练兵，此军国之大利也。"[①] 李鸿章认为这些求富措施的实施，不仅可以满足铸造军器之需，也可以用作民用目的。中国早期轮船航运、铁路、电报之建设，矿山之开发，皆赖以发端。航运、铁路、矿山的建设，又带动了国内机器制造业和通信事业的发展。李鸿章求富方案的实施和在经济领域内一系列改革措施

---

① 《李鸿章全集·奏稿》卷二十四，时代文艺出版社1998年版，第1071页。

的推行，开了中国工业近代化的先河，为中国由一个自给自足的小农经济社会转变为一个近代化的工业国家，迈出了艰难的第一步。因此，李鸿章的主张，与其说是当时为加强海防而提出的具体措施，不如说是晚清国家建设的一个重要战略。

但中日甲午战争的战败，使李鸿章的海防防御体系崩溃，暴露出其海防思想存在以下局限性：制海权意识不明显，建立的海军依然是一种要塞海军。李鸿章的海防思想本质上是一种防守性的战略，没有发展出积极的海权观念，而是将军事力量主要看作一种威慑力量，以期能消除敌人进犯的野心。李鸿章为首的洋务派官员虽然意识到海防意义重大，创办海军基地和造船厂，但他们基本上只是单纯地重视船舰技术和海军编制的"拿来"和仿效，并没有从经济贸易的需要、海权争夺以及树立进攻性海防战略目标的角度来转变思想。因此，李鸿章虽然为中国海军建设做了不懈努力，建立起我国第一支规模巨大的近代海军，但其海防战略思想还没有完全转变过来。在李鸿章建设北洋水师的同时，日本人则以进攻性的海洋战略，加强了海军建设，购买了比北洋水师更为先进的军舰。日本人在海洋军事上的战略优势和李鸿章在海军战略上的缺陷，完全体现在甲午战争的结局中。

第二节　刘铭传海防思想

刘铭传（1836—1896），安徽合肥人，字省三，清朝末期的一位将军和大臣，洋务派重要代表人物，淮军重要将领，台湾首任巡抚。

一　刘铭传海防思想背景

刘铭传因协助平定太平天国、捻军起义而投入湘军、淮军，转而成为地方团练领袖，并开始接触西学及洋务运动新知识分子，思想倾向改良主义;后又在抗法保台一战中闻名,成为著名的军事将领,并因而介入台湾建省与洋务运动,成为台湾建省后首任巡抚,是推动台湾现代化建设的先驱者。1885年10月12日,清政府改台湾府为行省,命刘铭传为巡抚。

刘铭传在1884年奉召赴台抗法入侵,处于海防最前线,他进京所上奏折的主要内容就是整顿海防,以后在保台建台的近7年中,海防始终处于中心的位置。最后离开台湾仍为海防。台湾首任巡抚刘铭传一生最辉煌的时期是在台任职的7年。在强敌压境,瘴疠肆虐,敌军锁海,饷援皆绝的险恶形势下,英勇抗击拥有优势装备的入侵法军。抗法胜利后,他在台湾构筑炮台,添置军舰,大力加强海防建设,使台湾成为中国在海上抵御外国侵略的前沿堡垒。同时,筑铁路,通邮政,开矿山,兴工业,办学堂,被誉为"台湾近代化之父"。

二 刘铭传海防思想内容

1. 指出中国海陆复合型的地缘特点以及中国海防的落后

刘铭传曾经这样描绘中国沿海的地理走势:"臣尝综览环球,独居深念,谓中国负山俯海,雄绝六州。自鸭绿划朝鲜,北行至旅顺,极山海关,南下经大沽、烟台,走胶、墨,略赣榆,遂达崇明,趋定海、匝琼、台,抵钦、廉,延迈万三千里。虎视环球,实有秦人开关延敌之势。"正是这一地缘特点,使我国在近代以来受到欧美海权国家的威胁:"故汉唐之盛,海外万国,奔走来王。自欧美崛兴,利炮坚船,横轹海表。中国数千年一统之势廓焉尽变。"[1] 列强争相入侵

---

[1] 《刘壮肃公奏议》卷一,大通书局1987年版,第28页。

之后，中国海上力量已被摧毁殆尽。万里海疆，除了几处陈旧的炮台以外，基本上处于有海无防的状态。

2. 主张加强海防设施建设

刘铭传在赴台上任时，给朝廷的奏折即为《遵筹整顿海防、讲求武备折》，就全国海防、武备条陈十策。在这份奏折中，刘铭传对海军建设中添置军舰、建筑炮台、选将练兵等重要问题，提出了切合实际的具体建议。

刘铭传认为，海防以船为命，没有舰队即无海防。我国有沿海七省，最低需要百只兵船才能满足国防需要。为了节约购置兵船的经费以及利用我国原有的水师人才，他提出改造长江、太湖水师作为建设海军的基础。如果把这些水师中的大型木船改造成铁面兵轮，每船花费不过万金。再购置一些大型舰艇，这样万里海疆，声势立即壮大。还可以从驾驶兵轮的将弁中选拔优秀人才，充任外海兵轮将领。至于未来的海军舰队是购船还是自己造船的问题，刘铭传认为尽管目前造船成本较购船为高，但仍应提倡造船，通过制造船只，提高我国的海军装备水平，不致完全仰仗外人。

刘铭传抵台后巡视要隘，见炮台多陈旧破败，难于迎敌。他下令迅速改建，并筹足款项，下令督勇兴工。为此他绘制了炮台图式，随本附呈。他认为炮台建成只是第一步。炮台坚固但如果没有强大的火炮匹配，这种炮台将是无用的设施。因此，刘铭传不仅在基隆、沪尾、安平、旗后海口建筑了6座钢筋水泥炮台，而且在炮台中配以新式后膛钢炮31尊，并在港口布置水雷。而其所建的军工厂，制造出的枪支弹药，能与购自外洋者相媲美。

3. 注重陆战

整顿军纪。对于清军中将贪卒惰、兵伍不精的状况，刘铭传深恶痛绝。他在奏折中指出，现有清军中，有终年不训练者十居八九，而训练者只有十之一二。清军的暮气日深，将贪卒惰，虚名空额。清朝的军事制度几成积重难返之势。为此，他大声疾呼，若不切实整顿军纪，国家养此种游手好闲之辈，无事非烟即赌，有事非溃即逃，这种军事力量绝无可能捍卫国家权利。基于以上认识，刘铭传整顿军队，汰弱留强，将台军统编成35营，严格实行新式操练，使台湾海防力量迅速增强。

注重陆军的作用和防守策略。在中国舰艇丧失殆尽的情况下，在海上与敌争锋断无获胜可能。因此，刘铭传依据当时的情势，主张采取诱敌登陆，倚靠陆军优势克敌制胜。他清晰地认识到，我方的优势在于险要的地形，敌方的长处则为船坚器利。如果敌方先来进攻我方，我方获得地利优势；如果我方主动攻击敌方，敌方则获得武器优势。我军应该扬长避短，避免在敌舰射程内与敌交战，而是诱敌进入山区，挥兵聚而歼之。

清军后来在基隆、沪尾两役中取得胜利，均证明这一正确的战略战术。他果断地决定主动从基隆撤兵，即是基于这一认识。当时清军在台北兵力有限，同时在基隆、沪尾抗敌力有不逮。刘铭传下令将基隆守军大部撤至沪尾，只留200人坚守险隘狮球岭。撤退前将基隆煤矿破坏，以免资敌。正是这一正确举措，才获得沪尾大捷。法军虽占基隆孤城，但无法越狮球岭一步。既不能从基隆煤矿获得军舰急需的燃料，又不能得到"据地为质"的效益，欲进不得，欲退不能，空糜粮饷，无所作为。

4. 注重民防

在加强海防的进程中，刘铭传重视依靠当地乡绅和民众力量，共同保卫海防。

在法军封锁台湾海峡期间，刘铭传所遇到的困难也达于极点。他描述当时的情景：原有的营台均为炮毁，军士无立足之区，只能露宿抵防。加之军只够目前，台北仅够开支一月。当他向乡绅民众坦陈官府困难后，迅速得到他们的有力支持。乡绅林维源不久前已助军饷80万，接着又捐饷40万。在他的带动下，百万之金，不劳而集。

基隆附近的暖暖隘口，敌兵屡次进犯，该地练董武举王廷理、周玉谦等捐资募勇300人，官方拨发洋枪，参用土枪，法军连续三天进攻，均被击退。彰化乡绅林朝栋独备粮饷两月，募勇500人相助，刘铭传大喜，派赴暖暖增防。除乡绅出资募勇外，刘铭传所部也召募乡勇，台北总计募勇1.3万余人，成为保卫台湾海防的一支重要力量。在敌军封锁海面的极为困难的情况下，刘铭传能坚守阵地，固属他指挥有方、将士用命，也是同乡绅民众的全力支援分不开的。

5. 主张海防近代化

刘铭传认为，增强国力，加强海防，必须大力改革。他在归隐家园时曾对好友说："中国不变西法，罢科举，火六部例案，速开西校，译西书，以厉人才，不出十年，事且不可为矣。"[①] 法军退走后，刘铭传抱病面对瘴疠频发、治安混乱、财政奇窘等诸多问题，进行清赋、理财、筑路、开矿等大量工作，取得了显著的成就，为台湾近代化奠定了基础。

光绪六年、十五年刘铭传两次报送关于建造铁路、以图自强的奏折。他在阐述建筑铁路可获多方面利益后指出，铁路建设对于战

---

① 《刘壮肃公奏议》卷首，陈澹然《刘壮肃公神道碑》，大通书局1987年版，第1页。

争的胜利是非常重要的因素。他说中国幅员辽阔，绵亘万里，兵员分散，难以集中。只有通过铁路运输，才能东西南北，呼吸相通；军队虽隔万里之遥，数日而至；虽百万之众，一呼而集。他特别指出，在铁路开通之后，将来兵权、饷权将进一步集中在朝廷，从而彻底改变军事力量被地方军事将领实际控制而中央鞭长莫及的困局。从1887年起，在刘铭传的主持下，基隆至新竹段铁路开工，全长106.7公里。他又领导兴建了从集集到水尾的横贯台湾中央山脉公路，全长182里，使东西海岸相连。他还开通海上航运事业，使海船航行于台湾至大陆及东南亚地区。刘铭传架设水陆电线700多公里，使台湾南北与大陆之间瞬息相通，能够迅速沟通台湾同大陆的军事信息。与此同时，台湾各方面建设也都有了蓬勃发展。有了全国第一个邮政局、第一盏电灯、第一个自来水厂、第一所新式学校。

刘铭传敢于改革弊政，坚定清赋理财以充实财源。通过清丈土地，查出地主瞒报的大量田产，同时整理厘金、规范盐务、实行樟脑硫黄官卖，使全省财政收入由原来的90万两增加到300万两。刘铭传还勇于扶持民间资本，吸引华侨资本乃至国外资本，获得了大量海防和建设资金。

刘铭传执行商战和民办企业的政策。蔗糖和茶叶是台湾出口的大宗物资，过去一向为英商垄断，从中盘剥。刘铭传支持中国商社与之抗衡，夺取中国应有的商贸权益。基隆煤矿原为官办，但任人唯亲、营私舞弊、中饱私囊等弊端，使这一设备先进的煤矿连年亏损。刘铭传奏请英商承办，遭到议驳。后议改为官商合办，股份官一商二，盈亏按比例分成。矿务经营由商负责，官不过问。刘铭传认为此议较妥，批准合同执行。

三　刘铭传海防思想评价

刘铭传入台前后思考最深、阐述最多的是我国的海防事业。他广泛涉猎西方各国兴衰的图书报刊，同时注意总结自己的实践经验，形成了较为系统的海防思想，为后人留下了可资借鉴的精神财富和文化资源。

第三节　张之洞海防思想

张之洞（1837—1909）是晚清重要的洋务派之一，其洋务思想和实践，对晚清中国社会产生了很大影响。

一　张之洞海防思想背景

张之洞字孝达，号香涛、香岩，又号壹公、无竞居士，晚自号抱冰。直隶南皮人。1863年（同治二年）中进士，后历任翰林院编修、教习、侍读、侍讲学士及内阁学士等职。其间，为清流派重要成员，与张佩纶、黄体芳、宝廷、陈宝琛、吴大澂、张观准、刘恩溥、吴可读、邓承修、何金寿等人一起，放言高论，纠弹时政，抨击奕訢、李鸿章等洋务派官僚，有"四谏""六君子""十朋"之称。

1881年，授山西巡抚，为任封疆大吏之始。以后政治态度一变，大力从事洋务活动，成为后期洋务派的主要代表人物。1884年春，中法战争前夕，奉命署理旋又补授两广总督。任内力主抗法，筹饷备械，起用前广西提督老将冯子材等，为战事的进展作出了积极贡献。同时，在广东筹建官办新式企业，设立枪弹厂、铁厂、枪炮厂、铸钱厂、机器织布局、矿务局等；以新式装备和操法练兵，设立水师学堂。1889年，调湖广总督。以后十八年间，除两度暂署两江总督外，一直久于此任。他将在广东向外国订购的机器移设湖北，建立湖北铁路局、湖北枪炮厂、湖北纺织官局（包括织布、纺纱、缫丝、制麻四局）。并开办大冶铁矿、内河船运和电讯事业，力促兴筑芦汉、粤汉、川汉等铁路。1894—1895年署督两江时，仿德国营制，在江宁（今江苏南京）筹练江南自强军，后又以之为基础在湖北编练新军。为培养洋务人才，尤注重广办学校，在鄂、苏两地设武备、农工商、铁路、方言、普通教育、师范等类新式学堂，并多次派遣学生赴日、英、法、德等国留学。在举办洋务事业中，还大量举借外债，是为中国地方政府直接向外国订约借款之先。

1898年4月，撰《劝学篇》，提出"旧学为体，新学为用"，维护封建纲常，宣传洋务主张，攻击维新思想，反对变法运动。1900年义和团运动爆发后，主张"安内乃可攘外"，多次上书清廷，要求对义和团严加镇压。是年夏，八国联军进逼京津，清政府对外宣战，乃于地方拥兵自重，并在英国策动下，与两江总督刘坤一、两广总督李鸿章联络东南各省督抚，同外国驻上海领事订立《东南互保章程》九条，规定上海租界由各国共同"保护"，长江及苏杭内地治安秩序由各省督抚负责。8月间，在汉口通过英国领事，破获设于英租界的自立军机关，捕杀唐才常等人。随后又在鄂、湘、皖镇压了由维新派唐才常、林圭、秦力山等联络长江中下游哥老会发动的自立军起义。

1901年清政府宣布实行"新政"，设督办政务处，命张之洞以湖广总督兼参预政务大臣。旋与刘坤一联衔合上"江楚会奏变法三折",提出"兴学育才"办法四条,及调整中法关系十二事,采用西法十一事,为"新政"活动的重要蓝本。1903年,会同管学务大臣商办学务,仿照日本学制拟定"癸卯学制"(即1903年经修改重颁的《奏定学堂章程》),在全国首采近代教育体制。1905年后,资产阶级革命运动兴起,在东南地区破坏革命组织,镇压革命派领导的武装起义,因此受到社会进步舆论的强烈谴责。1907年调京,任军机大臣,充体仁阁大学士,且兼管学部。次年清政府决定将全国铁路收归国有,受任督办粤汉铁路大臣,旋兼督办鄂境川汉铁路大臣。光绪帝和慈禧太后死后,以顾命重臣晋太子太保。1909年(宣统元年)病故,谥文襄,遗著辑为《张文襄公全集》。

二 张之洞海防思想内容

张之洞热心洋务是1882年授山西巡抚之后。1884年他升任两广总督,在中法战争中积极领导广东军民抗御法国的侵略,发挥了良好的作用,同时也促进了他对中国海防问题认识的提高。张之洞的海防思想是洋务思想的重要组成部分。张之洞海防思想的系统提出是在1885年中法战争后清政府开展第二次海防筹议时,主要内容如下:

1. 重视海军建设

中法战争中福建水师的惨败,暴露了中国海防海军建设中的种种弊病,清政府决定"大治水师",并于1885年发起了第二次海防筹议。张之洞在分析当时中国国防形势的基础上,针对中国海防海军现状,提出了建设近代海军的基本主张。张之洞认为,中法战争中国之失败,主要原因在于海上作战的失利。而中法战争后,中国更是"外患方殷"。法逼滇桂,俄窥珲春,并与日本争夺朝鲜,与英国争夺印度，由于"四夷斗争于中国洋面，而我亦将受其敝。故海防诸大端，天时人事，无可再缓"①。

张之洞认为，中国之前的设厂造船建设海军只是一个开端而已，这些设施如果不能充分利用，实际上并未能实现真正的船坚炮利。正是中国海军力量弱小造成中国在中法战争的最终失败。因此，加强近代海军建设，已成为中国的第一要务："海防要策，首重水师兵轮。"②中国应当集中全国力量，竭尽全力发展海军事业。环顾世界各国，无不以船炮为强国之计，即使是邻近的小国日本，也大力发展海军而唯恐落后。只有建立一支由铁甲巨舰组成的海军，中国海防方能巩固。因为，"若仅制快船，收口则便，出洋纵击，当敌之巨舰则难。故铁甲不宜甚少，方能在海面结阵自固"③。

张之洞主张分区设立海军。由于中国海疆延袤万里，如将海上水师只有一军，势将出现海阔路远，呼应不灵；沙礁口岸，一将难悉；操练勤惰，督察难周；沿海有警，不受调度；票报遥度，虚实难凭；需才太多，一区难备等问题。因此，主张分洋建设四支新式海军："北洋为神京拱卫，南洋乃南北咽喉，闽有孤悬之台，敌所窥伺，而粤为诸蕃入华之首冲，七省洋面之锁钥，水师之设，无一可缓。"④四支海军中，北洋统属直隶、山东、奉天，南洋统属江苏、浙江，闽洋统属台湾，粤洋统属海南。四支海军所辖洋面各有专责，但如遇有大敌，各支需要合力攻击，互相应援。每支海军设海军统领一员，下设左右翼分统各一员。每支海军舰队编制提出具体设想是："拟配水带铁甲船三艘，铁甲鱼雷船六艘，每一铁甲巨

---

① 《清末海军史料》，海洋出版社1982年版，第51页。
② 同上书，第389页。
③ 同上书，第52页。
④ 同上书，第53页。

舰，两铁甲雷船为一队，统领左右翼各一队，三队合为一军。"① 总理衙门统一指挥四支海军，并负责通计度支、权衡缓急、整齐规划、选择人才等任务。

2. 海军近代化思想

张之洞认为，由于制造铁甲舰用工繁重，算理精微，中国造船厂不具备这样的条件，短期内无法制造，因此，海军铁甲舰只有从外国购买来应急需。关于购造新式坚利战舰所需之巨款，张之洞主张除了由洋药税厘中征收外，还可举借外债，并在四川、湖北、湖南、江西、安徽沿江五省实行劝捐政策，每省认捐 32 万银两，共 160 万银两。而沿海七省由于海防费用繁巨，不必实行认捐政策。

在主张外购铁甲舰以应急的同时，张之洞强调中国海军所需之舰船最终应立足于自造，强调发展造船业是海防事业中最为重要的事业。为此，政府应成立制造局，由专家周详探求造船之技艺，核计工料，斟酌损益，由粗入细，积少成多，使自造之兵轮坚利捷速。在造船技术发展成熟之后，再筹集财力，大兴船政，争取 3 年后开始建立海军，5 年后建成海军。

张之洞在担任边疆大吏后，开始将自己的海防主张贯彻实施。1884 年张之洞调任两广总督。在这以后的 5 年多时间里，他采取自筹资金的办法，艰难地迈出了更新广东水师装备的步履。早在 19 世纪 60 年代，广东已开始购置外国兵船，经刘坤一、张树声等历任总督的添置，建立了一支小规模的海军，但船炮俱小，不能行驶外洋。1885 年，张之洞为加强广东海防力量，利用原广东军装机器局船坞，开设黄埔船局，选募华工，采取香港华洋船厂图式，试造

---

① 《清末海军史料》，海洋出版社 1982 年版，第 52 页。

铁胁木壳炮艇4艘,当年冬造成试航。1886年后,张之洞又利用黄埔船局相继建造炮艇4艘、浅水炮舰2艘。同时,张之洞还委托福建船政局协造1000吨以上炮舰广甲、广乙、广丙3艘和炮艇广庚1艘。

3. 注重人才培养

重视新式海军人才的培养,是张之洞海防思想的一个重要内容。在张之洞看来,中国建设近代海军,虽然经费筹措艰难,但海军人才更为难得。优秀的军事人才要比武器装备更为急迫:"整军御侮,将才为先。"为此,他主张在海军人才的培养上,应破除常规,不拘一格,多方鼓励,为人才的成长创造一个良好的社会环境。社会风气的转变,会促进优秀人才的涌现。

开办学堂,则是培养近代海军人才的基本途径:"古今人才,皆出于学。"特别是当今,"时事不同,船炮机算诸端至今日而巧者益巧,烈者益烈,若要应时制变,固非设学不可"[1]。还说:"练兵必兼练将,而练将又全赖学堂。……武备事宜尤以设立学堂、教育将材为首务。"[2] 学堂应仿效并综合西方国家军事学校的体制,开设适应近代战争要求的新学科,不仅应学习外国语文,还应学习算法、机轮理法、制造、驾驶、管轮、天文、海道、兵器等西方先进科学技术。水师学堂不仅要聘请外国教习,还应选派本国精壮用心人员,出洋练习。具体办法一是将学生分别派至各国海军学堂、炮台、船厂分科学习;二是注重实践训练,驾乘兵船周历中国和世界各海口,先中后外,借以周知世界各国的口岸形势、战船规则,并获得练习风涛驾驶的经验和技术。学生在水师学堂学习一段时间

---

[1] 《清末海军史料》,海洋出版社1982年版,第398页。
[2] 《张之洞全集·公牍》卷一百二十,河北人民出版社1998年版,第3292页。

后，即应乘练船在中国沿海口岸游行，认真练习。学生应每年9个月在课堂，3个月在练船。遇外洋有事，应按照西方国家通例，前往观览，实境考察，开阔视野，增强阅历。通过以上两种方法，学生达到讲习与历练兼之的目的。

4. 注重海岸炮台的建设

依照西法构造新式炮台，是张之洞海防思想的又一个重要内容。他将建立新式炮台和对旧有炮台进行改造作为加强海防力量的重要举措。认为海军战舰必须有近岸炮台辅助，方能操纵自如，中国水师才能更好地发挥作用。特别是中国新式海军尚未建成时，炮台在海防中更是具有重要的地位。鉴于广东和海南是南洋第一重门户，海防地位十分重要，张之洞提出急需在这些地区海口形势险要之处依照西法建置炮台，并对旧式炮台进行改造，改变其台式不坚、火炮陈旧的状况。

为发挥海岸炮台在海防作战中的作用，张之洞特别强调，要改变炮台诸事废弛，炮手无专人而由营勇轮流充任、经常更换，以致人员杂乱、技术生疏的状况，所有炮台的弁勇都应经过专门挑选，并优给薪粮，使之安心长期驻守炮台。同时，可聘请西方国家军事技术人员对其教习操练，掌握新式火炮技术。还要更换革除那些苟安敷衍的炮台将领，这样才能更好地提高海防炮台的作战能力。

三 张之洞海防思想评价

张之洞的海防思想虽然是1885年清廷第二次海防筹议时才开始系统提出的，同其他洋务派的重要人物相比，提出得比较晚，但其海防思想的内容却比较丰富、全面，在中国近代海防思想史上占有重要的地位。

第四章　洋务运动时期(1861—1894)海防思想

1. 张之洞是晚清最为重视中国海防问题的重臣之一

张之洞对中国海防形势的分析和关心以及对重建海军问题的重视,是中国督抚大臣中少有的几位,其海防作战思想同当时其他人相比也比较先进。清末,由于中国海军力量弱小,单纯防口守岸的消极防御思想在海军作战思想中占据统治地位,除王先谦提出"以战为守",只有战而后能防,反对不言海战而专于防口岸外,只有张之洞明确提出海军必须"能海战"的思想。1885年他在《筹议大治水师事宜折》中一开始就明确提出:"战守两事,义本相资,故必能海战而后海防乃可恃。"[①] 张之洞看到了海上作战的重要性和战守之间的辩证关系,突破了当时中国普遍遵循的口岸防御思想。可以说,这是依靠海军进行海上作战取得制海权思想的萌芽。

2. "中体西用"的海防思想

中体西用在张之洞海防思想中起着指导作用。体现在张之洞创办水师学堂培养海军人才上。张之洞认为,兵学的发展是当代西方国家最为擅长之处,中国建设海防海军必取西方之长,这也是中国的强国之路。1887年他创办广东水陆师学堂时,就较明确地提出了"体用"思想,其方针是:"兼采各国之所长,而不染习气,讲求武备之实用,而不尚虚文。"在开设众多西学课程,广泛学习西方先进军事科学技术的同时,强调了中学的学习,规定:"堂中课程限令每日清晨先读《四书》《五经》数刻,以端其本;每逢洋教习歇课之日,即令讲习书史试以策论,俾其通知中国史事兵事,以适于用。"还规定:"在堂者一律仍准应文武试,以开其上进之程。"[②] 这就比较明确地提出了"体用"关系,同时还强调要给予科举

[①] 《清末海军史料》,海洋出版社1982年版,第51页。
[②] 《张之洞全集·奏议》卷二十一,河北人民出版社1998年版,第575页。

出路。

3. 重视海防海军建设同国家其他方面建设的协调发展

认为抗御西方国家的海上入侵，加强中国的海上防卫力量，不仅要亟练陆军，还要亟造铁路，广开学堂，速讲商务，讲求工政，大力发展制器、冶炼、造船、造械、开矿、修路、化学乃至种植、纺织等事业，使中国的海防有雄厚的经济力量作支撑。

第四节　陈炽海防思想

陈炽（1855—1900）原名家瑶，字克昌，后更名炽，取字次亮，别号瑶林馆主，瑞林乡禾塘村人，是中国近代早期维新思想家的代表人物之一。他毕生致力于经国要术的探求，留下了《庸书》和《续富国策》等重要著作，其中包含着丰富的海防思想。

一　陈炽海防思想背景

陈炽幼学卓异，聪颖超群，有"神童"之誉。19 岁以生员身份参加省试，以优异成绩被保送入京，备作拔贡。次年朝考，录为一等第 4 名，钦点七品小京官，签分户部山东清史司任职。21 岁，乞假回乡，与诸友人叙情谈诗，颇为欢洽。在家乡，集资倡设宾兴会，专接济应考之贫困生员、秀才。光绪七年（1881），他与陶福祝等人合刊诗集，名曰《四子诗录》。次年，他应乡试中第 46 名举人，任职户部。

光绪十二年，陈炽参加军机章京录取 8 名的考试，一举夺魁。是年冬，为户部额外司员，次年升额外主事。1889 年，西太后归政光绪皇帝，奖擢有劳人员，陈炽以此转为户部主事。其间曾先后上书李鸿章、翁同龢、陈宝箴等当政者，对朝鲜内乱、黄河改道、铁路筹建诸事管陈己见，得到重视。1891年，枢垣例保，陈炽升为员外郎，诰授中宪大夫。是年冬，父丧丁忧，乞假归籍，途中为郑观应参定其所著论洋务55篇。嗣后定名为《盛世危言》，并为之作序。抵家后，在营葬父亲的同时，仍奔波于宾兴会之事。1894年返京途中，与陈立三并游庐山，览胜伤情，忧国忧民。

陈炽为挽救民族危亡，振兴中华，留心天下利弊。深究富强要策，曾不辞劳苦，遍历沿海诸要埠，亲历香港、澳门诸繁区，考察其政治、经济诸形势；又博览群书，较古今得失，广泛结交通晓洋务者、外交使节，综合心得，于1894年撰集成书，题为《庸书》。《庸书》内外百篇，涉及面广，内容极为丰富，它针砭时弊，全面阐述其治内攘外，挽救危亡的主张，并指出：救亡图存，要抑制西方侵略，又要学习西方的先进经验，同时在教育、商务、法律、农政、边防、医学诸方面皆有其独到的论述。该书的主题是：中国必须改革，必须变通。《庸书》的问世，在当时社会上引起了很大的反响，不少书局竞相刊印，一版再版。

二　陈炽海防思想内容[①]

1. 对台湾海防地位的高度重视

台湾为我国东南海疆门户，因其地理位置重要而备受历朝关注。鸦片战争期间，英国挟其坚船利炮妄图占领台湾，邓廷桢、姚莹等率领台湾军民精密布置防务，多次击退英军的进攻，使台湾避免了被侵占的厄运。不过，事后清廷对台湾防务并没有过多的重

---

① 主要参考张登德《试论陈炽的海防思想》，http://jczs.news.sina.com.cn 2004年9月17日《舰船知识》网络版。

视,台湾防务问题真正得到重视是在 1874 年日本侵台事件之后。1874 年日本侵台事件发生后,朝野上下掀起塞防与海防之争,清廷开始意识到加强海防之必要,下令筹议海防。沈葆桢、丁日昌、刘铭传等纷纷对台湾海防管陈己见。丁日昌指出:台湾洋面居闽、粤、浙三界之中,为外国军舰所必经之地,台湾与日本、菲律宾鼎足而立。外国人觊觎台湾并千方百计占据其地,都是因为台湾为战略要地,据此则北可以扼津、沽之咽喉,南可以拊闽、粤之脊膂,所以只要台湾的海防有备,则外国沿海可以无忧;如果台湾不安,则沿海全局震动。沈葆桢也上奏折称台湾为沿海七省之门户,久为他族垂涎,疾呼台湾设防的重要性。1885 年 10 月,清廷接受了边疆官员所提出的台湾为海防重地的观点,批准单独建省。陈炽对台湾海防的重要性也有着清醒的认识。1893 年,他在《庸书·四维》篇中就指出台湾是我国东南沿海的枢纽:东南台湾之一隅,乃通商万国之垂涎窥伺之地。在同书《台湾》篇中,他再次指出台湾对中国海防的重要性:台湾一地,东南七省的藩篱门户,台湾安全则东南沿海半壁安全。并把台湾与海疆的关系比作唇与齿:台湾如唇,海疆如齿。台湾若失,则沿海各省都将处于危殆之中。有鉴于此,他提出"治台三策":

其一,以台湾为南洋海军提督驻地。中国近代海军初建于 19 世纪 60 年代。当时内忧外患,清政府期望通过购买外国舰船的办法来筹建海军,因英国人李泰国和阿思本妄想控制中国海军而引起清廷忌恨和列强反对而作罢。清廷有识之士开始意识到需要依靠自己力量建立海军,保卫海疆。1868 年江苏布政使丁日昌草拟《海洋水师章程别议》并在 1874 年递交总理衙门,提出建北洋、东洋、南洋三支海军,各设提督一人的方案。李鸿章和福州船政大臣沈葆

第四章　洋务运动时期(1861—1894)海防思想

桢都表示赞同丁日昌的倡议。同年 5 月，总理衙门派李鸿章督办北洋海防事宜，派沈葆桢督办南洋海防事宜。到 1884 年夏，福建、北洋、南洋三支海军已经初具规模。对于三洋海军中的南洋舰队，陈炽建议把南洋海军提督驻地放在台湾。台湾作为战略要地，也需要划归南洋管辖并隶属海军。东南各省凡属海防要事，江、浙、闽、粤等地的督抚均须向南洋提督咨会酌商，使得相关各省兵力、饷需情况对于南洋海军提督了然于胸。避免再次出现中法战争期间当台湾危急之际而沿海督抚借口兵力、军饷问题拒绝赴援的局面。

其二，在台湾建设造船工厂。清廷在统一台湾后，鉴于该地盛产造船木料，便决定由福州府和台湾府合力承办造船事宜。雍正三年闽浙总督觉罗满保向清廷建议所有台湾水师等营战船，远隔重洋，应于台湾府设厂。此后福建的船政分别在台湾、福州、漳州、泉州设立 4 个船厂。1885 年台湾建省后，首任巡抚刘铭传在台湾的船政起初主要以对外购轮为主。而陈炽认为台湾应该建立自己的船厂，因为台湾气局规模虽然广远，但四面距海，非轮舶不能往来，非铁甲快船不足以应对危机。台湾如要摧毁海上敌人来犯，必须建立自己的船厂，与福建船政、南洋粤东机器各局联为一气，自娴制造，自习驾驶，使台湾海壖氓庶，久习风涛。这些自造的船只、娴熟的船民在平时可以来往运输，通商获利；在战时则马上转为军用，成为抗敌的重要力量。因此，台湾设立造船厂具有双重功效，既能为日常民用获得经济效益，又能为军事战争提供武器战备。

其三，建设包括台湾为重要支点的东南沿岸海防线。陈炽认为台湾省虽然南北长两千里、东西宽百里，但因规模草创，纵深格局终究稍嫌狭小。因此还需要与周边地区互相依托，连成一气。特别应该将广东的琼崖、福建的金厦、浙江的玉环和舟山、江苏的崇明

127

岛等处以及附近零星小岛割隶台湾，设立四镇，互成掎角之势，最终建立以台湾为中心的东南海防线。敌人不论从广东的琼州，福建的金门、厦门，浙江的玉环岛、舟山岛，还是江苏的崇明岛等入侵，清廷皆可以台湾为中心作海防准备。同时，陈炽建议将这四镇的土著居民编为渔团，平时耕种开垦，战时补充军需民食，既可以避免海盗潜藏，又能够杜绝敌人割据。

陈炽对台湾海防问题的建言，无论在军事上还是经济上，都有重要的意义。陈炽提出的治理台湾的三项措施较具有针对性，虽然这几项措施因不久台湾即被割让给日本而没有能够实现，但是对整个海防建设还是有着重要的参考意义。

2. 经营南洋作为"海上之夫余以藩屏中国"

中国人是从唐朝时期开始移居南洋的。宋、元、明三朝随着我国对外贸易和海上交通更加发达，越来越多的人移居南洋。明末清初，政治动乱，不少人为躲避战乱纷纷避居南洋。清代开海贸易后，我国沿海又有许多人出洋而居留海外。与此同时，从16世纪起侵入南洋地区的欧洲殖民主义者为掠夺东方的财富又采取各种手段诱引中国人到南洋去当华工。这样，南洋成为海外华人、华侨的聚居地。华人在南洋从事贸易、开矿和耕种，历尽艰辛，且受西人迫害和歧视，迫切需要清廷扶植和保护，但清廷为防止海外反清力量的崛起，曾禁止南洋贸易。后虽开禁，但对南洋的重要性认识不足，国防重点偏于西北，而东南沿海，自台湾一岛外，均度外置之。

陈炽对南洋的战略地位有着深刻的认识。他认为南洋地区现在不仅是西方国家的"外府"、精神命脉，而且还是西方国家侵略我国的跳板。如果中国的商力、兵锋经略范围可以扩及南洋各岛，西

第四章 洋务运动时期(1861—1894)海防思想

方殖民国家将不能自顾而无暇觊觎我国。中国如果能够恢复在南洋的特殊权益,西方国家将从战略上陷入被动。因此,对付西方国家,不必直接攻击西方国家,只需控制南洋就足可致其死命。

经营南洋作为海防藩镇,此前魏源曾有相似议论,认为西方国家本土距离中国甚为遥远,其侵略中国必以南洋为基地,所以清廷应该扶植南洋华人垦殖事业,将其经营成为屏卫中国的藩镇。不过,魏源的建议并没有引起清廷的重视。后来,出洋华民日众,清廷派出的游历人员和驻外使臣目睹了海外华人的情况,呼吁设领事保护华民。陈炽对南洋华人的情况也比较关心,认为经营南洋可以招罗海外之才,以待欧西之变,将来必有奇材硕彦应运而生,成为海上之夫余以藩屏中国。陈炽把国家海防力量的振兴同发展南洋侨民管理事业相结合,最终在海外建立海上藩篱。为拓展在南洋的中国利益,陈炽主张执行以下四方面的举措:

一是广设领事。随着越来越多的华工出洋,清政府原来在新加坡设立的领事馆已经不能满足需要,应该派驻专门使臣,在南洋其他各埠分设领事。

二是护商旅。清廷虽然建立了近代海军,但对于海军的使命,清廷关心的主要是保卫本土海岸线及海口要塞,而对于保护商民的利益,保护海上运输的重要意义认识不足。陈炽认为商旅集中之地,不可无官管理,尤不可无兵保护。如果护商兵船散泊海中,借张声势,按期会操,练习枪炮,不仅可以壮大本国人民的胆气,也可以威慑外国,隐杜侵凌、潜消事变。

三是建学校。陈炽认为,人必读书明理而后聪颖特达,才不甘受制于他人。南洋各地,西人不仅阅历较多,而且注重学习,因此大多狡黠。而南洋华人多为文盲,智识未开,长此以往华人则会

"终为人役"。陈炽认为要使华人摆脱外国羁绊，就我范围，国家应该在每个海外商埠拨给经费创建书院，慎选山长，严定课程，教以中西之学，同时广劝中外富商巨贾捐资，再由领事各官主持经营南洋教育事业。

四是举贤才。陈炽认为人才是万事之根本，南洋华工有数百万之众，由于没有选拔渠道，以致英达之士隐没民间。陈炽建议在南洋各地的书院肄业诸生，应仿造内地岁科两试，由使臣兼管学政，选补博士弟子员录送科场，官给资斧，愿就艺学科者听之，果有对中西各学总贯淹通的学子，则由使臣保送到京，破格擢用，这样则山陬海澨，天涯海角，人无弃才。

3. 其他海防主张

在重视台湾防务和南洋经营的同时，陈炽也提出了一些其他有关海防的具体主张和措施。

其一，注重绘制海图。陈炽对海图的重要性非常了解，甚至认为这是中西海军强弱的重要原因。海图是海洋空间信息，包括海洋自然环境信息和社会经济信息的一种图形表达形式。随着近代航海事业的发展，为保证海上航行的安全，精确可靠的海图变得尤为重要。在发达的资本主义国家中，国家设有专门机构负责海图的测绘出版，不仅测绘出版大量本国海区海图，而且出版了大量殖民地和觊觎地区的海图。特别是自19世纪以来，资本主义国家为了海外扩张的需要纷纷绘制各地的航行海图。英、法等国自创设海军起，就把制作海图作为首务，兵轮巡历，鱼贯蝉联，所到之处纪其见闻，量其度数，探究其异同分合的原因；英国分驻各埠的兵轮除了保护商民外，也专以考察海图为要务，经过长期不懈的努力绘成详尽的海图。这样万一有事，则全球之海道，孰远孰近，孰险孰夷，

第四章　洋务运动时期(1861—1894)海防思想

通国之人一览了然，对海军的行进速度、把握有利的海战时机有重大帮助。这也是英国纵横四海、凌轹万邦的法宝。反观中国，只知道追求船坚炮利，而对兵舰所行海道素未究心，不仅对浩渺重洋没有测量，连海疆附近十里百里之间，也未精确。虽然现在中国幡然改变政策，仿造西方建立海军，铁舰鱼雷，初具规模，但对考察、制作海图却不加重视，导致彼明而我昧，彼智而我愚，他人所到之处都是通途，我方所往则重重阻隔。陈炽呼吁清廷应该重视海图的作用。他在《庸书》中列出了《图籍》《三署》《海图》等文章，建议清廷海署应该以考察海图为平时职掌之一，派熟精测绘的学生到沿海绘制地图，同时要求出使诸臣访订精图，详为翻译，并令海军提督督率将佐，对海图加意讲求，由粗及精，自近而远。勤于搜求者奖励，怠慢者则严加惩处，如此则定会使我国的海图考察和制作测算益精，海图制作人才也将辈出。

其二，重视港岛的地位。我国海岸曲折，在海水深入内地，或在江河入海口处形成了许多港湾。由于港湾可以停泊船只，所以具有重要的军事和经济价值。陈炽对中国香港岛的地位特别重视，认为中国从自金州、复州到钦廉雷琼的14000余里海岸中，寻找到像香港一样的万全船埠，穷山际海也未有之。可惜该岛却被英国割占，以致利器假人。不过中国可以不得已而求其次，朝鲜巨文岛的战略地位进入陈炽的视野。巨文岛位于朝鲜半岛南端与济州岛之间的济州海峡，战略地位极为重要。陈炽认为该岛纵广数十里，民庶千余家，鼎立三山，形如品字，其中宽广可容千舶，峰峦回合，飓飏无惊，总珲春出入之襟喉，绾渤澥往来之锁钥，英国人也认为此岛为东洋门户，关大局安危。早在1881年马建忠在《上李相伯复议何学士如璋奏设水师书》中指出朝鲜全罗道的巨文岛，应该仿照

131

英国据有地中海玛尔岛之意,设防驻舶,以为防御俄倭往来之路,这是一个天造地设以卫我东南数万里海疆要害之区,并提醒清廷,洋人早已垂涎巨文岛,我国应及早有应对之策。不久之后,俄国和英国因争夺阿富汗而关系紧张,1885年英国借口扼制俄国势力南下派舰队占领了巨文岛。后来朝鲜向英国索归该岛,但英国因为朝鲜贫弱,所以建议清廷在此设兵置镇作为持久之计。但清廷所派观察人员以该岛为"海中拳石"而放弃对其置守。陈炽对此决策感到遗憾,指出当英人归还之日,如果中国派遣海军分成,擘画经营,经过三年后巨文岛必成海上重镇。可惜这一机宜转瞬坐失。作为补救之策,陈炽建议清廷应该与朝鲜进行秘议,在其地建立船坞,募练水军,守以坚台,通以电报,开设商埠,储备薪粮,通商用兵。朝鲜关系我国东海之安危,而此岛又是保卫朝鲜关键,因此需要对此岛从战略高度经略。

其三,主张组建渔团等民兵组织。陈炽认为沿海渔户世代生活在海滨,对于海上风涛习以为常,招募他们组成渔团,可以防奸细、绝接济、禁登岸,弥补陆师、海军的不足。陈炽组织渔团的具体方案是:选立正人作为首领,妥筹经费,慎选贤员,购备枪刀,督率训练,平时各自谋生,战时则纠集壮丁驻守其地。强调编练水勇,依靠人民的力量保卫海疆,并不是陈炽的首创,林则徐、魏源等人都有类似看法,一些海疆官吏在筹划海防时也曾团练乡勇来加强海防力量。确实,渔团在配合正规军作战方面发挥了重要作用。

其四,主张建立海军学堂。随着造炮制船的洋务事业的进行,一些船政、水师学堂也纷纷创建,使晚清海防教育得以顺利展开,并为中国培养了大批海军人才。陈炽主张清廷建立强大海军的同时,建议南北洋海军应该抽拨专款,自立学堂,教练人才,为未来培养大批人才。在《续富国策》书中，他对海军学堂的设立提出具体建议，学员也须严格培养，最终成为一名航海通才。

其五，加大兵船建设。西方国家的技术特长在于船坚炮利，这是鸦片战争期间清廷官员得出的直观认识，随后洋务派把购制船舰作为自强运动的一项重要内容加以推展。通过购买和自制，清廷的船舰吨位在甲午战争以前居于亚洲前列。但是在甲午中日交战中，北洋舰队全军覆灭，朝野中部分官员借口中日交兵，海军失事而提出"兵船之无用"的说法，陈炽批评了这种看法并提出"轮船固需广行，兵船亦需多制"的主张。他认为兵船可以有两种用途：一是驻扎在内地通商各处，防止西人动辄称兵，要求无厌，中国受制于人；一是兵轮可以护商，特别是在南洋等地，每驻一领事，至少需驻一船。同时商船可以作为兵船使用。他以英、法、俄、美等国为例指出兵轮和商轮本无大区别，平日运货载客，络绎往来，有战事改作兵轮，即为国家备战。相比中国，不论官轮还是商轮，都没有发挥其应有的作用。所以陈炽指出，对于守口巡阅兵轮，大可按照各国章程办理，而国家稍加津贴，即可任意往来；对于商船，朝廷开诚布公，酌补公费，发给军械，同时给予官带装弁各头衔。

其六，大力制枪造炮。枪炮是海防必需之物。通过中日之战的对比，陈炽发现洋炮确实比中国所制之炮先进，中日战争中，北洋海军短炮过多：我之弹未及人，人之弹先及我。陈炽指出湖北枪厂所造比利时新式快枪、上海制造局所制快利枪力量强大，可以广筹经费，专造这两种枪。至于造炮，陈炽认为应该舍短取长，如果单为防守海口，可在陆地炮台放置德国克虏伯炮厂所造的335吨炮；如果用在船上，则应该多造英国阿姆斯脱郎的80吨炮。陈炽满怀信心地指出，如果推广仿制，就能杜强邻之环伺，保海宇于澄清。

三 陈炽海防思想评价

陈炽生活的19世纪后半期，中国海疆烽烟骤起，清廷统治者开始把较多的注意力投注到海防上。先有福建船政创始，随后北洋海军兴起，各省机器制造之局、水师武备之堂纷纷建立，铁舰、水雷、快枪、巨炮不断建造，船坞、炮台广筑。因此，陈炽的海防思想已经涉及当时海防的各个方面。其中许多认识在今天看来仍然具有参考价值。

第一，内海发展到外洋。陈炽不仅关注内海作战，而且把目光投注到东海、南洋等地。在东海海疆防务上，他对毗邻中国的朝鲜半岛非常关注。在甲午战争之前，他曾撰写了《朝鲜》《法美》等文，将朝鲜比作战国时期的韩国，同时指出朝鲜战略地位重要，是"东海之藩篱"，因朝鲜比较贫弱，不能自主，各国争相染指，所以陈炽曾忧心忡忡地指出：朝鲜万一为他人所并，则仁川之兵舶，一夕可以到达天津，咸镜之陆师，长驱以入我国东北，如此则我国畿疆重地，根本要区处于危险中。因此，他建议清廷扶植朝鲜，同时重视朝鲜的巨文岛的地位，建船坞、造炮台、练水师、铺电线，以保朝鲜、巩固东海。

第二，海防思想与塞防思想并重。陈炽在重视海防的同时，对我国的西北、东北、西南边疆的地理进行了研究。他曾指出：综观大势，旷览将来，恐中国之大患仍不在水而在陆，不在东南而在西北也。所以他在《庸书》中《龙江》《奉吉》《金山》《新疆》《青海》《西藏》《蒙古》《三省》等文，不仅介绍了各地的历史沿革，而且揭露各国侵略中国的野心，提出海防与塞防并重的思想，是非常可贵的。

第三，朴素的海权思想。依据美国人马汉的观点，海权是海军舰队、商船队、海外基地三者的总和。陈炽的海防思想中即包含着这三个方面的内容。首先，陈炽一向支持清廷建立海军，认为它能够振国威、张国势，保卫京津之门户，巩固江海之藩篱，甲午战争以后呼吁中国南、北洋海军要迅速复兴，并且改变原来设两洋海军足够的看法而赞同建立三洋海军，同时主张海军应具备精枪利炮铁舰快船，有培养人才的学堂等，足见陈炽对中国拥有强大舰队的渴望。其次，陈炽重视商船的作用，把它作为国家海上力量的重要组成部分。在《庸书·轮船》文中，他指出清廷应该准许中国商民自制轮船，行驶内河以及外海，这既可以广华民之利赖，也可以杜异族之觊觎，同时如果有外患内忧，可随处利用商舶运兵，既收转运之功，又省养船之费；在《续富国策》中再次阐述这一主张，认为商船虽然没有战舰坚固，但战时可以充作运船使用，同时无事则海天转运，俨然商部之章旗，有事则舰队联翩，高列海军之位号，声威远震。最后，陈炽建议将朝鲜的巨文岛、南洋等地经营完善，作为屏障中国的海上藩篱。陈炽的这些主张已经初步具备了海权意识。

第四，陈炽关于海防问题的见解，不仅对当时社会有深刻的影响，而且对今天的海防建设也具有重要的参考价值。21世纪初，中国海洋强军战略与陈炽海防思想非常契合，当代中国政府注重台湾的战略已经越出了民族统一之外而跃升到海洋战略层面，我国也已经非常注重维护和获得在南海的正当权益。陈炽的海防主张正在当代中国实现。

第五节　洋务派海防思想评价

洋务运动时期海防思想是中国军事近代化和社会近代化发展过

程中的重要内容，洋务时期的海防思想对于推动中国近代化的发展曾起到积极作用。因此，洋务运动时期海防思想在理论上和实践上都具有重要意义：

其一，洋务时期的海防思想促进了我国近代国防观念的转变。作为中国近代海防思想的重要组成部分，洋务运动时期海防思想有着不可忽视的历史地位。洋务运动时期国防观念的转变，也就是从传统重陆轻海的传统国防观念向近代国家安全观念的转变。洋务派海防思想不同于早期林则徐等人的海防思想，西方的海防思想已经成为洋务派海防思想的重要来源。洋务运动的海防思想对于我国近代海权思想的建立起了重要的推动作用。

其二，洋务时期的海防思想对于我国近代海防建设更是功不可没。我国的近代海军建设在海防思潮的推动下，还是取得了相当的成就。在李鸿章等洋务官僚的推动下，我国首次建立起了规模巨大的近代化海军和多个近代军港，为保卫国防起了重大作用。北洋海军也终于在1888年正式成军，当时其实力亚洲第一。这支近代海军虽然后来命运多舛，但为后来建设现代海军起了奠基作用。

其三，洋务时期的海防思想促进了中国近代化思想、运动的萌生。

洋务时期的海防思想是晚清近代化思想深入发展过程。晚清的近代化历程与西方国家有着显著的不同，其启动不是中国社会生产力发展的必然结果，而是当时一批较早注意了解世界的先进中国人倡导学习外国军事技术而推动起来的。因此，晚清海防思想与近代化思想是同时发生的。海防思想实际上就是早期的近代化思想。海防思想的中心内容是"师夷长技"，而西洋"长技"起初又主要指的是"船坚炮利"。后来扩大到"采西学"，也只是指引进西方的

第四章　洋务运动时期(1861—1894)海防思想

先进科学技术。但是，随着对西方国家社会历史更多的了解，人们逐渐对世界形势的变化和中国的危险处境开始有所认识，在了解和探讨西方国家富强之道的同时，也开始介绍其政治情况。他们对西方政体往往带有倾向性的介绍，给受数千年封建君主专制制度窒息的中国社会透进了一些外部世界的新鲜民主空气，在当时是有着启迪民智的意义的。晚清海防思想的发展不仅推动了西学东渐的进程，而且为尔后兴起的维新变法思想起了筚路开山的作用。其对传播民主政治思想的启蒙意义，是不可低估的。

　　洋务时期的海防建设开启了晚清近代化运动的进程。到19世纪60年代，洋务派官员将海防思想从理论付诸实践，于是开始了以"自强"为口号和目标的近代化运动。可见，晚清近代化是以创办近代造船工业为起点的。所以，近代海军的产生和发展便成为近代化运动的主要内容和重要组成部分。但是，海防问题所涉及的范围相当广泛，不是只设船厂造兵船，只设军械局造火器，亦可扩而大之，使制造有利于国计民生，有利于发展贸易。这样，由创建军用工业开始，自然便逐渐扩大到创办民用工业。由此可见，从根本上来说，第二次鸦片战争以后启动的近代化运动，只不过是将以"师夷长技"为中心内容的海防思想付诸实施罢了。

　　但洋务运动时期海防思想也有明显的局限性：

　　一是海防思想的发展具有被动性，海防海军建设和作战思想的产生和发展的根源，很大程度上来自外敌海上入侵对国防安全造成的威胁，是特殊历史时期抗御外患压迫的应变式反应，而非近代中国社会发展的自身要求。

　　二是海防战略的保守性。作为当时统治阶层主流思想观念的体现，消极保守的海防战略始终在近代海防中占据统治地位，这不仅制约了海军建设发展，而且成为近代中国历次反侵略海上作战失败的重要原因。在近代海军建设过程中，洋务派从未提出关于海军军制的理论。而洋务运动时期中国海军的主要作战指导思想是"自守口岸"的消极防御思想，其消极性体现在海军始终被视为配合陆上部队防守口岸的工具。相比同时期的日本，不仅始终强调海军作为独立军种的重要性，而且始终贯彻争夺制海权的思想，这也最终导致了日本海军近代化建设的成功而清政府海军近代化建设的失败，同时也就注定了中日甲午战争中一胜一败的结局。

三是海防理论相对陈旧。这一时期海防理论著述相比西方不仅陈旧落后而且零散，与同时期的日本相比也存在明显差距。尽管洋务运动时期海防思想的实践成果主要体现在武器装备的近代化和新式海军人才的培养方面，就西学本质而言，"中本西用"始终是其基本指导思想，因此洋务派无法彻底超越自身观念的局限。

第五章 洋务运动时期(1861—1894)晚清海军及其制度建设

第二次鸦片战争结束后,清廷开始加强近代海军的建设。从两次关于海防建设内容的"海防议",到海军衙门的建立,再到近代海军舰队及其附属设施的设立,清廷对海军的各个方面进行了全面建设。在建设近代海军的过程中,虽然有反复和挫折,但不可否认的是,清廷在险恶的国内、国际政治条件下,海军建设还是取得了长足进展。

第一节 晚清两次"海防筹议"

在晚清海防思想的发展过程中,从19世纪70年代中期到80年代中期,曾先后出现过两次海防大讨论,第一次由1874年日军侵台引起,讨论一直持续到1879年日本吞并琉球;第二次由1884年中法战争引起。晚清两次"海防筹议"都推动了晚清中国海军建设事业。

一 第一次"海防筹议"

1871年年底,有两艘琉球船只遇风漂至台湾,部分获救的船员在台湾被当地土著居民处死。强行控制琉球的日本当局决心挑起侵略战争。1874年4月4日,日本正式组建侵台机构"台湾都督府"。5月7日,"台湾事务都督"西乡从道中将率数艘军舰在台湾南部的琅峤登陆,这是日本军队用武力侵犯中国领土的开端。

经过一番周折,此次日本侵台事件以和谈告终,中国向日本支付抚恤和"补偿"费50万两白银。此次事件虽未开启中日战端,但它却在中国朝野上下引起强烈震动,在清朝统治集团内引发了一场规模空前的海防大讨论。

1874年11月5日,总理衙门呈交专门奏折,强调筹办海军海防的必要性和紧迫性,提出了"练兵""简器""造船""筹饷""用人""持久"6项加强海防抗御海上外敌入侵的具体建议,并请求朝廷谕令政府有关部门予以讨论。清廷在接到这份奏折的当天就立即发布上谕,令沿海、沿江各省督抚大员在一个月内将讨论意见上报朝廷。不久,清廷又将讨论范围扩大到亲王、郡王、大学士、六部九卿。海军海防问题俨然登堂入殿,被列为清朝政府头等议事日程,此次议事即为中国近代史上首次"海防筹议"。

1874年11月19日,前江苏巡抚丁日昌上呈《海洋水师章程》6条,建议设立北洋、东洋、南洋三支海军,分别负责直隶与山东、江苏与浙江、福建以及广东的海上防务。总理衙门再次上奏,获准将丁日昌的这份奏折向下转发给沿海、沿江各省军政重臣一并讨论,于一个月内复奏意见。到年底时,沿海、沿江各省督抚大员们的复奏陆续上报北京。他们在原则上都不否认海军海防是急迫必办的事务,但由于思想认识水平不一及派系利益各异,因此在筹办海军海防的一系列具体问题上,意见分歧。有人主张全力营办海军海防;有人主张全力加强西北地区的边塞防务;还有人主张海防与塞

第五章　洋务运动时期(1861—1894)晚清海军及其制度建设

防并重。

直隶总督兼北洋大臣李鸿章上呈的《筹议海防折》最令人瞩目。在这篇长达万言的重要奏折中，李鸿章首先分析了严峻的国防形势："历代备边，多在西北。其强弱之势，客主之形，皆适相埒，且犹有中外界限。今则东南海疆万余里，各国通商传教，来往自如，麇集京师及各省腹地，阳托和好之名，阴怀吞噬之计，一国生事，数国构煽，实为数千年未有之变局；轮船电报之速，瞬息千里；军器机事之精，工力百倍。炮弹所到，无坚不摧；水陆关隘，不足限制，又实为数千年来未有之强敌！"在分析了前所未有的严酷对外形势的同时，李鸿章还特别一针见血地强调指出，处理国际关系的根本在于国家的实力："洋人论势不论理，彼以兵势相压，我等欲以笔舌胜之，此必不得之数也。"他还将海军海防问题提到新的社会发展的高度来认识："居今日而欲整顿海防，舍变法与用人，别无下手之方。"①

特别需要指出的是，清朝上层统治集团中的相当一些成员，已透过日本侵台事件，察觉到日本将成为中华民族最危险的敌人。1875年1月6日，著名的洋务派首领、军机大臣兼总理衙门大臣文祥在奏报意见中指出："目前所难缓者，惟防日本为尤亟。以时局论之，日本与闽浙一苇可航。倭人习惯食言，此番退兵，即无中变，不能保其必无后患。尤可虑者，彼国近年改变旧制，大失人心，叛藩乱民一旦崩溃，则我沿海各口岌岌堪虞。明季之倭患，可鉴前车。……夫日本东洋一小国耳，新习西洋兵法，仅购铁甲船二只，竟敢籍端发难；而沈葆桢及沿海疆臣等佥以铁甲船尚未购妥，

---

① 《李鸿章全集·奏稿》卷二十四，时代文艺出版社1998年版，第1063页。

141

不便与之决裂,是此次迁就了事,实以制备未齐之故。若再因循泄沓,而不亟求整顿,一旦变生,更形棘手。"①

文祥这一远见卓识的论断,与李鸿章不谋而合。李鸿章在此期间也指出:"泰西虽强,尚在七万里以外。日本则近在户闼,伺我虚实,诚为中国永远大患。……是铁甲船、水炮台等项诚不可不赶紧筹备。"②丁日昌在次年也说:"日本倾国之力购造数号铁甲船,技痒欲试,即使日本受羁縻,而二三年内不南犯台湾,必将北图高丽。我若不亟谋自强,将一波未平一波又起,……《诗》云未雨绸缪,何况既阴既雨乎!"③李鸿章于1881年1月10日对近年来的海军海防建设意图作了这样的概括:"日本狡焉思逞,更甚于西洋诸国,今之所以谋创水师不遗余力者,大半为制驭日本起见。"④

经过此次海防大讨论,恭亲王奕訢等于1875年5月30日上奏,将总理衙门前奏6条,再参酌各种建议,最终提出具体办理意见:先在北洋创设一支海军,当力量壮大之后再一化三,择要布防各处海口。当天,朝廷发布上谕指出,"海防关系紧要,既为目前当务之急,又为国家久远之图,……亟宜未雨绸缪,以为自强之计"。这份上谕还命令李鸿章和沈葆桢分别督办北洋和南洋海防事宜,并要求沿海沿江各省"督抚当事事和衷共济,不得稍分畛域"。⑤

1879年,日本悍然吞并琉球,改为冲绳县,再次唤起朝野对海防问题的关注。⑥薛福成上《筹洋刍议》14篇,鉴于日本定购铁甲

---

① 《筹办夷务始末》(同治朝)卷九十八,上海古籍出版社2008年版,第628页。
② 《李鸿章全集·奏稿》卷二十四,时代文艺出版社1998年版,第1075页。
③ 中国史学会:《洋务运动》第2册,上海人民出版社1961年版,第394—395页。
④ 《李鸿章全集·奏稿》卷三十九,时代文艺出版社1998年版,第1563页。
⑤ 《清德宗实录》卷八,光绪元年四月壬辰条。
⑥ 马建忠:《适可斋记言记行》卷三,光绪二十二年刻本。

第五章　洋务运动时期（1861—1894）晚清海军及其制度建设

船，不无忧虑地指出："彼欲骋所长，其势必迫我交锋；否则，彼所购之铁甲船三号，其穷亦必取偿于我。"① 王先谦上疏条陈洋务，对海防问题亦有建言。他反对"以守为战"之说，认为"守之不可尽恃"，"必能战而后能防"。② 李鸿章也认为"军事未有不能战而能守者"③，这是其海防战略思想的一大进步。他觉察到日本必为中国永远之大患，认为必须拥有铁甲船才"足以言海战"④。其后，李鸿章也就海防问题向朝廷建言，提出立营制、编舰队、勤训练等项，所论多系整顿水师应办事项。⑤ 当时，马建忠已从法国获博士学位回国，正为李鸿章办理洋务。马建忠在披览李鸿章的奏章后，对其所陈颇有同识，因就其所论加以引申和诠释，并附以己见上书于李鸿章。薛福成以其渊博的西学知识和对西方海军的深切了解，对于海军的领导体制、教育与训练、人才之选拔、营制之建立、规章制度之制定、舰队编成等，都做了非常具体而深入的说明，并大声疾呼，提醒当政者切勿错过这一百载难逢的发展海军的机遇。

二　第二次"海防筹议"

首次"海防议"后的十年，晚清海军虽有了初步发展，但与西方列强相比，仍然差距悬殊，这一点在中法战争中暴露无遗。当时，法国舰队横行东南海域，福建水师被封锁在马尾港内，全军覆没；南洋、北洋海军也一无可恃，甚至连台湾海峡都难于涉渡。

中法战争刚结束不久，慈禧太后召见了中越边界广西段划界大

---

① 薛福成：《筹洋刍议》，辽宁人民出版社1994年版，第64页。
② 葛士浚编：《皇朝经世文续编》卷一百二，文海出版社1996年版，第12页。
③ 《李鸿章全集·奏稿》卷三十五，时代文艺出版社1998年版，第1433页。
④ 《李鸿章全集·奏稿》卷三十七，时代文艺出版社1998年版，第1497页。
⑤ 中国史学会：《洋务运动》第2册，上海人民出版社1961年版，第532—534页。

臣邓承修，说："此番立约，实系草草了事，朝廷吃亏在无水师。"邓回答说："无水师难决胜，不独马江之败为然，去岁刘永福之败，亦系江水暴涨，不能立脚，该国轮船驶入，遂败也。且基隆澎湖已失，声息不易通，军械不易运，危在旦夕，不得不作此收场。"1885年6月21日，清廷即发布上谕："自海上有事以来，法国恃其船坚炮利，横行无忌。我之筹画备御，亦尝开设船厂，创立水师，而造船不坚，制器不备，选将不精，筹费不广。上年法人寻衅，迭次开战，陆路各军屡获大胜，尚能张我军威；如果水师得力，互相援应，何至处处牵制？当此事定之时，惩前毖后，自以大治水师为主。"[①]鉴于前期海军建设成效不大，慈禧太后下旨再次开展海防讨论，要求沿海各督抚"各抒所见，确切筹议，迅速具奏"。沿海督抚遵旨先后复奏，史称第二次海防筹议。

在所有的沿海督抚等官员的复奏中，李鸿章的《遵议海防善后事宜折》的意见显得特别引人注目。他在折中开宗明义地提出："夫中国七省洋面广袤万里，南须兼顾台湾孤岛，北须巡护朝鲜属邦，非有四支得力水师，万不敷用。北洋合直、东、奉为一枝，南洋苏、浙合为一枝，闽、台合为一枝，广东自为一枝。"随又总结说："今虽分南北两洋，而各省另有疆臣，迁调不常，意见或异。自开办水师以来，迄无一定准则，任各省历任疆吏意为变易，操法号令参差不齐，南北洋大臣亦无统筹划一之权，遂至师船徒供转运之差，管驾渐染逢迎之习，耗费不赀，终无实效。中外议者多以为訾，或谓宜添海部，或谓宜设海防衙门，有专办此事之人，有行久之章程，有一定之调度，而散处之势可以联络。若专设有衙门，筹

---

① 中国史学会：《洋务运动》第2册，上海人民出版社1961年版，第559页。

第五章 洋务运动时期(1861—1894)晚清海军及其制度建设

议有成规,应手有用款,则开办之后诸事可渐就绪,至办之愈久,愈有裨益。一切详细纲目,须参考西国海部成例,变通酌定,南北一律,永远遵循。斯根底固而事权一,然后水师可治。"①

在第一次海防大筹议中与李鸿章观点对立的左宗棠,此时的认识也发生了很大的变化,在其《复陈海防应办事宜请专设海防全政大臣折》里指出:"攘夷之策,断宜先战后和;修战之备,不可因陋就简",应"择要设立船政炮厂,专造铁甲兵船后膛巨炮,实国家武备第一要义"。"今欲免奉行不力之弊,莫外乎慎选贤能,总持大纲,名曰海防全政大臣,或名海部大臣。凡一切有关海防之政,悉由该大臣统筹全局,奏明办理,畀以选将、练兵、筹饷、制船、造炮之全权。"②

此次讨论影响深远,范围广阔,不仅研究了建立海军衙门、发展海军的重点、落实海军军费、加强海军教育、强化军火、舰船的保养制造,更涉及了近代工商业建设的大局。8月14日,清廷因李鸿章的奏陈言多扼要,谕令来京,9月26日李鸿章进京陛见。9月30日,军机大臣面奉慈禧太后懿旨,令李鸿章会同军机大臣、总理衙门王大臣,以及醇亲王奕譞,一并妥议海防善后事宜。诸臣集议后,以总理衙门名义上奏,中心内容为两项:一为建设北洋海军,"目前自以精练海军为第一要务","与其长驾远驭,难于成功,不如先练一军,以为之倡。此后分年筹款,次第兴办……查北洋屏蔽畿辅,地势最为扼要,现有船只亦较他处为多,拟请先从北洋开办精练水师一支"。二为设立海部或海防衙门,"请特派王大臣综理海

---

① 中国史学会:《洋务运动》第2册,上海人民出版社1961年版,第570—571页。
② 《左宗棠全集·奏稿》,岳麓书社2009年版,第543页。

军事宜,并于疆臣中简派一二人会同办理"①。

1885年10月12日,慈禧发布懿旨,派醇亲王奕譞总理海军衙门事务,庆郡王奕劻、大学士直隶总督李鸿章会同办理,正红旗汉军都统善庆、兵部右侍郎曾纪泽帮同办理;北洋练军一事,则由李鸿章专司负责。第二次海防大筹议讨论议题,最终得以一一落实,奠定了北洋海军成为国家海军的根基。

三 晚清两次"海防筹议"的意义

晚清两次海防筹议都是在中国面临列强侵略海疆的危急关头之时,清廷不得不作出的被动反应。两次海防筹议涉及的内容,也为清廷制定政策奠定了基础。两次海防筹议也显示了清代决策机制和程序的理性、高效。清廷首先广泛征集议题,再将各种议题进行综合分析后得出一个主要议题,然后将这一议题以谕旨形式下发中央、地方的高级官员,要求他们限期复奏,提出建议。在得到复奏之后,清廷对这些建议反复整理、讨论,最终得出一个广集各地官员智慧、群策群力的优选方案,最后下旨落实。

晚清两次海防大筹议讨论内容基本相似,第二次海防大筹议的主题是第一次的延续和深化。第二次海防筹议就其规模来说,并没有第一次海防筹议规模大,时间也较短。第一次筹议主要焦点定在国防战略的方向上,第二次则集中在了如何加强海防建设的问题上。

两次海防筹议具有重要意义:一是解决了国防安全危机的方向问题,在"海防"与"塞防"相持不下的僵局中,虽然最终结

---

① 张侠:《清末海军史料》,海洋出版社1982年版,第58—59页。

论比较含糊，但从实际结果看，还是从政府层面把海防战略提到了前所未有的高度。二是在建设海军方面，决定建南北两洋的海军，这在一定程度上改变了以往水师由沿海各省分别设立的分散状态。按清朝传统体制，沿江沿海各省水师，循明朝旧例，各武员如陆营之制，概归各省督抚节制。海军以及其后海军衙门的成立，使水上力量由地方提高到了国家层面。三是制定了以引进外国先进舰船为主的装备现代化思路。晚清中国以往也办过厂（福州船政）、造过船，但工业、科技基础差。这项引进外国先进海军装备的政策，实际上是在当时的情况下指导晚清海军完成跨越式发展的适当之路。但是这条道路的选择，包含着巨大的危机因子，甚至由于对西方军事技术的过度依赖，使国家的军事力量建设失去了自主和自给。

第二节 晚清海军衙门的成立

总理海军事务衙门（简称"海军衙门"或"海署"）是清廷甲申易枢后增设的指导海防乃至洋务的重要机构。它的设立，改变了长期以来由军机处和总理衙门共同指导洋务的旧格局，直接影响和规定着中国近代化的规模和进程。

一 海军衙门成立背景

1882年，前驻日公使李鸿章呈递奏疏指出："防海异于防陆，陆军可以分省设守，海军则巡防布置必须联络一气，始无分兵势散之虞。七省濒海之地，港汊纷错，互有关涉，风轮飚忽，瞬息千里，苟分省设防则事权不一，呼应不灵，守且不能，何有于战？"

急切吁请"特设水师衙门,以知兵重臣领之,统理七省海防,举一切应办之事,分门别类,次第经营",以达"固海防,张国威"。①这份奏疏洞中症结,建议清廷创设海军衙门,但清廷没有立即采纳。

1883年,总理衙门增设海防股,掌南、北洋海防之事。中法战争爆发后,清廷愈加感到了加强海防建设的紧迫性。1884年春,总理衙门就提出要针对沿海七省专设一海防衙门,举各省水师船政、营制、炮台、海径、机器、饷需诸大端,均归一重臣经营筹划。将海防股升格为海防衙门,是一个重大进步。李鸿章赞同这一计划,但认为以"海防"命名衙门不妥,盖"海防"二字,顾名思义,不过斤斤自守,亦不足以张国威而詟敌情,因此主张设"海部"。并建议在北洋某口建置水师提督衙门,以便往来海面梭巡会哨。②其后,廷谕以张佩纶会办福建军务大臣兼署船政大臣。张奏称:"欲求制敌之法,非创设外海兵船不可;欲收横海之功,非设立水师衙门不可。"并力主"以水师一军应七省之防","自今遴选将帅,经画水师,在法事为后时,在海防犹为先"③。

中法战争中,海防"事权不一,呼应不灵"的弊病彻底暴露。法国舰队乘机重创福建水师,攻击、封锁台湾,造成沿海七省处处戒严。惨痛的教训使创设海军衙门之议引起朝野高度重视。经过第二次海防大筹议,在组建海军中枢机构问题上很快取得共识。1885年10月12日,慈禧发布懿旨:

---

① 中国史学会:《洋务运动》第2册,上海人民出版社1961年版,第534页。
② 《李鸿章全集·译署函稿》卷十五,第4717—4719页。
③ 张佩纶:《涧于集》奏议四,文海出版社1967年版,第517—521页。

第五章　洋务运动时期(1861—1894)晚清海军及其制度建设

前因海防善后事宜，关系重大，谕令南北洋大臣等筹议具奏。嗣据该大臣等各抒所见，陆续奏陈。复经谕令军机大臣、总理各国事务衙门王大臣会同李鸿章妥议具奏，并令醇亲王奕譞一并与议。兹据奏称：统筹全局拟请先从北洋精练水师一支以为之倡，此外分年次第兴办等语。所筹深合机宜，著派醇亲王奕譞总理海军事务，所有沿海水师，悉归节制调遣。并派庆郡王奕劻、大学士直隶总督李鸿章会同办理，正红旗汉军都统善庆、兵部右侍郎曾纪泽帮同办理。现当北洋练军伊始，即责成李鸿章专司其事，其应行创设筹议各事宜，统由该王大臣等详慎规画，拟立章程，奏明次第兴办洋务。①

根据这道任命，醇亲王奕譞等一改以往推诿、观望之态，仅用12天即筹划就绪，于1885年10月24日奏请设立"总理海军事务衙门"，同日懿旨允准。从此，中国近代化的海防力量由中央政府直接运筹。

海军衙门的设立也是中央权力斗争的结果。慈禧对长期主持洋务的奕䜣集团心怀疑忌，对海防人选颇费斟酌。当时，暂主中法战争全局的奕䜣与总理衙门拟委李鸿章总揽海防，李鸿章则建议"仿东西各国之例，在京添设海部"。② 慈禧于1884年4月8日罢黜奕䜣为首的军机处，改造总理衙门，换上了以礼亲王世铎为首的军机处，并以庆郡王奕劻主持总理衙门，同时特谕："军机处遇有紧要事件，著会同醇亲王奕譞商办。"③ 从此，清王朝中央体制发生了重

---

① 《清德宗实录》卷二百十五，光绪十一年九月庚子条。
② 《李鸿章全集·朋僚函稿》卷二十，时代文艺出版社1998年版，第3858页。
③ 《清德宗实录》卷一百七十九，光绪十年三月己丑条。

大变化。原由奕䜣一人统辖的军机处和总理衙门被分为二，既防止权力过于集中某一大臣，又便于慈禧直接操纵。尤引人注目的是，使亲贵中颇得慈禧宠信的光绪帝生父奕譞得以参与机要。慈禧任命奕譞主持总理海军事务衙门。因此，海军衙门的设立，又是晚清中央权力再分配的结果，从而将海军大权集中于慈禧信任的满族亲贵手中。

二 海军衙门政策与措施

海军衙门成立后，开始大力发展海防事业，决定倾全国之物力财力优先发展北洋海军，加强近畿防务，保证统治中心的安全与稳定；同时为逐步发展海军摸索经验，树立榜样。

在组织人选上，海军衙门授予直隶总督、北洋大臣李鸿章以专办北洋海军之全权。海军衙门成立伊始，放手支持李鸿章，对促使北洋尽早成军显然是极其有力的保证。在经费方面，集中财力优先保证北洋用款。购置、制造军舰以及修筑炮台、军港均需巨额资金。海军衙门成立后，立即将清廷每年拨出的400万两海防经费实行集中管理；同时极力筹措款项，诸如1888年奏准每年从各海关洋药税厘收入项下拨库平银100万两，支持李鸿章向沿江沿海督抚筹银260万两存津生息等。所有资金，优先保证北洋发展。

在军械、装备方面，海军衙门不惜财力，将从德国定造的最先进的大型铁甲舰"定远"号和"镇远"号及巡洋舰"济远"号集中拨归北洋。不久，又为北洋从英、德定造了"致远""靖远""来远""经远"号巡洋舰及鱼雷艇等新式船舰，并长期担负北洋以上诸舰的薪粮、公费支出。经过短短3年，到1888年北洋在海

第五章 洋务运动时期(1861—1894)晚清海军及其制度建设

军衙门支持下已拥有战舰25艘，形成具有铁甲舰、巡洋舰、炮艇、鱼雷艇等相互配合的海上快速攻击力量，宣告初步成军。它开始改变了以往只可株守海口的被动局面，以铁甲雄姿驰骋大洋，从而标志中国新的军种——海军的诞生。

北洋海军拥有当时东方最先进的船舰和武器装备，由一批具有先进军事文化的人员充当指挥，是中国军事近代化的最高表现。对于这样一支近代化军种，以往的军规条例都失去效力。为使组织指挥、舰船管理、后勤保障、教育训练诸方面适应需要，海军衙门在奕譞主持下立即组织力量，翻译、借鉴西方诸国海军章程，特别是英国海军章程之长，结合中国实际，适时制定了《北洋海军章程》。这一章程对北洋海军的船制、官制、升擢、事故、考校、俸饷、恤费、工需、杂费、仪制、钤制、军规、检阅、武备、水师后路各局等均做了明确规定，使之条例化、正规化，堪称中国海军的第一部法规。《北洋海军章程》从制度上保证并促进着近代海防建设的巩固和发展，是中国有史以来第一部海军建设的正式法规文献，是清朝政府在"师夷长技"曲折过程中大胆学习引进世界先进海军军事学术成果与海军建设经验的宝贵产物。

与此同时，海军衙门指派李鸿章在旅顺、威海、大沽等处开展大规模的海军基地建设。旅顺扼直奉渤海门户，威海当南北要冲、与旅顺隔海相望，大沽则可居中调度。1886年，总理海军衙门大臣奕譞等亲赴诸地查勘，决定不惜动用巨额财力、物力，利用天然形胜，构筑炮台，修建船坞。1891年，各项工程初具规模。李鸿章与山东巡抚张曜巡阅后称：大连湾、威海卫"两处台垒粗成，移军填扎，北洋兵舰合计二十余艘，海军一支规模略具。……陆路各军，勤苦工操，历久不懈。……综核海军战备尚能日新月异。目前限于饷力，未能扩充，但就渤海门户而论，已有深固不摇之势"。① 三年之后，旅顺、威海、大沽等处工程大体就绪，从而形成以拱卫京师为中心的海防体系。

海军衙门作为全国海防中枢，在重点保证发展北洋的同时，还统筹全局，在其他诸多方面推动了南洋乃至全国海防建设事业。

首先，支持在台湾设立行省，提高台湾防务能力。台湾是我国东南沿海屏障，早为西方列强所垂涎。为巩固海疆，清廷在任命奕譞总理海军事务的当天，即依据他的提议，决定"将福建巡抚改为台湾巡抚，常川驻扎。福建巡抚事即著闽浙总督兼管"②。不久，刘铭传被任命为台湾省第一任巡抚。海军衙门多方面支持刘铭传，明确指示他增加澎湖驻军，修筑台、澎海防工事，敦促慈禧批准在台湾修筑铁路、发展经济，有效地提高台湾防务实力。

其次，支持发展本国舰船制造，突出支持马尾船政局。马尾船政局是我国当时最大的舰船制造基地。1887年，靠自己的技术力量试制成功第一艘双机钢甲舰"龙威"号，不仅提高了速度，而且增设了防卫能力。其后所造舰只，绝大部分轮机升到2400马力，速率由40里提高到110里，且大多采用卧机、钢甲。这几项主要指标，已接近或相当于从西欧定造的"济远"等舰，说明我国舰船制造已开始摆脱落后局面，有了长足进步。

最后，海军衙门还督饬沿海各省修筑炮台、添置舰船、整顿水师。尤其针对旧式师船"大半供解饷、运械之用，甚至终年往来江海迎送差使"，虚耗帑金，无益海防的弊端，倡言裁旧养新，请慈

---

① 中国史学会：《洋务运动》第3册，上海人民出版社1961年版，第146页。
② 《清德宗实录》卷二百十五，光绪十一年九月庚子条。

禧懿旨，令各地"将无用之船分别裁撤，腾出饷项，精练兵船"。[①]此后，广东、福建、两江等地逐渐裁汰旧船冗员，开始了向新式海军的转化。

三 海军衙门成立意义

甲午战争之际，慈禧于 1895 年 3 月 12 日下令将海军衙门裁撤。海军衙门从 1885 年成立到 1895 年裁撤，仅仅存在了短暂的 10 年，然而它却在短暂的时间内为推进洋务运动、加强海防、拓宽工业基础作出了重要贡献。

海军衙门作为中国第一个海军中枢机构，面对中法战争之后海防空虚的严峻局面，在无经验可供借鉴的情况下，积极探索，勇于任事，毅然承担起创建海军、加强海防的重任。它在承继前期洋务建设成果、购置和制造船舰的基础上，创造条件、克服困难，仅用 3 年时间就实现了北洋海军初步成军的设想，从而在我国历史上成功地创建了第一支正规海军。它还促成了第一批海军基地的兴建，并初步形成了以直隶为中心的海上防御体系。海军衙门又主持制定了我国第一部海军章程，逐步使海军管理体制、后勤保障、军事训练诸方面适应新式船舰的需要。海军衙门通过执行较为积极的政策，改变了我国有海无防的被动局面，增强了国防，促进了海防近代化，奠定了我国海军建设的基础。晚清中国海军实力在 19 世纪 80 年代的国际舞台上跃居世界第四位，在亚洲则独领风骚，海军衙门居功至伟。

尤为值得称道的是，海军衙门没有局限于单纯创办海军，而是

[①] 中国史学会：《洋务运动》第 3 册，上海人民出版社 1961 年版，第 52 页。

从国防建设乃至富强中国的全局出发，自觉将巩固海防与发展民用工业、交通、通信、培育人才等诸方面联系起来，有力地推动了它们的发展，取得了显著成效。海军衙门也成为指导后期洋务的中心。

第三节　晚清海军建设

晚清海军建设内容包括海军舰队、海军基地、人才培养和工业基础建设等多个方面。

一　海军舰队的艰难建设

1. 洋务派建设海军举措

建立海军是洋务派国防建设的一个重要任务。19世纪60年代洋务运动初期，主要是以购买洋枪洋炮、举办军事工业为主。洋务运动的开创者之一曾国藩于1861年8月23日上奏说："轮船之速，洋炮之远，在英法则夸其独有，在中华则震其罕见，若能陆续购买，据为己物……访募覃思之士，智巧之匠，始而演习，继而试造，不过一二年，火轮船必为中外官民通行之物。可以剿发逆，可以勤远略。"① 曾国藩的这一主张很快得到总理衙门大臣奕䜣等人的赞赏和支持。接着奕䜣等上奏："现在江浙尚在用兵，托名学制以剿贼，亦可不露痕迹，此诚不可失之良机也。若于贼平之后始筹学制，则洋匠虽贪值而肯来，洋官必疑忌而挠阻，此又势所必至者。是宜趁南省军威大振，洋人乐于见长之时，将外洋各种机制火器实

---

① 《曾文正公全集·奏稿》卷十四，吉林人民出版社1995年版，第1603页。

第五章 洋务运动时期(1861—1894)晚清海军及其制度建设

力讲求,以期尽窥其中之秘。有事可以御侮,无事可以示威。"① 洋务派早期筹办海防的指导思想,企图利用镇压太平天国农民战争的机会,学习制造西方资本主义国家的"坚船利炮",以达到"剿贼"和"御侮"的双重目的。

1862年,曾国藩在安庆设军械所,标志着洋务派引进西方军事生产技术的主张已经推进到实践的阶段。这一阶段,洋务派先后兴办了江南制造局、金陵机器局、福州船政局、天津机器局4个大型军事工业,其中江南制造局兼造枪炮、轮船,福州船政局则专造轮船,它们构成中国早期军事工业的主干。

1862年,曾国藩主持创设的安庆军械所仿造的"黄鹄"号轮船下水。这艘轮船性能并不十分先进,但其从设计到建造,全用汉人,未雇洋匠,诚为可贵。同一年到达上海的李鸿章在参观了英、法军舰之后说,"若驻上海而不能资取洋人之长技,咎悔多矣"②。

1865年,在李鸿章的主持下,江海关道丁日昌购买了上海虹口美商开办的一家旗记铁厂,在此基础上创办了一家后来非常著名的军工企业——江南制造局。不久,它便建造出可以航行于外海的轮船;此后,江南制造局的名字同中国近代海军海防事业紧密地连在一起。

在发展中国近代造船工业中功绩卓著的当数福州船政局。1866年,悉心于经世致用和研究外洋事务的闽浙总督左宗棠向朝廷提出:"自海上用兵以来,泰西各国,火轮兵船直达天津,藩篱竟同虚设,星驰飙举,无足当之","而中国海船则日见其少,其仅存者

---

① 中国史学会:《洋务运动》第3册,上海人民出版社1961年版,第467页。
② 《李鸿章全集·朋僚函稿》卷二,时代文艺出版社1998年版,第3122页。

船式粗笨，工料简率。海防师船尤名存实亡，无从检校，致泰西各国群起轻视之心，动辄寻衅逞强，靡所不至","若纵横海上，彼有轮船，我尚无之，形与无格，势与无禁，将若之何?!"① 针对严峻的海上外患，左宗棠指出："欲防海之害而收其利，非整理水师不可；欲整理水师，非设局监造轮船不可。"他特别留心注意到，不仅西洋各国的舰船越造越精，而且东邻日本也开始仿造西式轮船，并派人去英国学习造船技术。他断言，数年之后日本亦必有大成。他就此诘问道："彼此同一大海为利，彼有所挟，我独无之，譬犹渡河，人操舟而我结筏；譬犹使马，人跨骏马而我骑驴，可乎?!"② 在左宗棠的多次恳切请求下，清朝政府终于在这一年批准他创办了福州船政局。这是中国近代海军海防事业第一个造舰育才的大基地。创设于福州闽江口内马尾的福州船政局，由造船厂和船政学堂两大部分组成。1869年夏，刚刚开工仅一年的马尾造船厂就将其建成的第一艘轮船"万年清"号推下了船台。及至1894年中日甲午战争爆发前，福州船政局共建造出34艘舰船。福州船政局对近代中国海军海防大业的重要贡献，不仅在于开创了近代中国的造船事业；而且更在于它为近代中国海军培养造就出第一批优秀的人才。福州船政学堂由培养造舰军官的前学堂和培养海军指挥官的后学堂组成，聘请西方海军教官分别使用法语和英语授课，学制为4年。这所学堂作为中国近代史上第一所采用西方科学技术与方式训练海军军官的海军学校，为近代中国海军海防事业输送了第一批极为宝贵的人才，其中不少毕业学员还被选送到西方先进国家的海军院校留学深造；他们后来成为近代中国海军的杰出将领和专业栋梁，著

---

① 《左宗棠全集·奏稿》，岳麓书社2009年版，第61页。
② 罗正钧：《左宗棠年谱》，岳麓书社1983年版，第127页。

名的代表人物有后来北洋海军的总兵刘步蟾和林泰曾,天津水师学堂总教官、教育家兼社会启蒙思想家严复。福州船政局和船政学堂,堪称中国近代海军的著名摇篮。

2. 阿思本舰队筹建和解散

清廷为了迅速建立起一支近代化的海军,在早期曾采取了直接从外国购买的措施,这就是阿思本舰队的来由。

太平天国农民起义后,太平军组建了水军部队,在长江中下游屡建战功。湘军统帅曾国藩也组建成一支5000人的湘军水师,而作战时却不甚得力,迫使清廷自1856年起多次出钱雇佣外国轮船协助对太平军进行水面作战。但受雇的外国轮船有时拒绝服从清军将领的调遣,这在一定程度上刺激了清廷组建一支独立的近代化水师的决心。第二次鸦片战争英法联军的胜利,再次显示出近代海军舰队实施海上机动作战的巨大优势,清朝统治阶级中有更多的成员看到了这一点。面对列强又一次自海上入侵的成功,创建强大海军以御外侮,被列入清廷的重要议事日程。但是,清代中国没有大机器的工业,没有造舰船炮的技术和人才,要想快速获得一支舰队,唯一的办法就是向外国买舰。1861年,曾国藩呼吁:"东南贼氛蔓延,果能购买外洋船炮,剿贼必可得力……内患既除,则外国不敢轻视中国,实于大局有益。"[①] 咸丰帝最终决定向西方购买一支现代化的舰队。

掌管中国海关大权的副总税务司英国人赫德竭力向清朝官员介绍英国各类军舰的性能,建议中国政府从英国购买军舰。对于舰队费用,赫德分析说:"大船在内地不利行驶,若用小火轮船十余号,

---

[①] 中国史学会:《洋务运动》第2册,上海人民出版社1961年版,第225页。

益以精利枪炮,其费用不过数十万两",若中国自己一时不能熟练掌握驾驶技术,"可雇佣外国人两三名,令其司舵、司炮"①。对于购买舰队的款项来源,赫德提出可以采用洋药印票税的办法来解决。清廷最后将购买军舰的重任交付给赫德。

赫德制定了一份向英国采购枪炮船舰的清单,其中包括购买鸟枪1万支,车炮30尊,火箭炮10尊,手提枪1000支,洋刀1000把,火轮船7艘等,需银81.5万两。另雇募外国武官1名,士兵100名,船主10名,副船主20名,管轮30名,水手200名,需银48万两。两项合计需银共129万两。赫德后来将西方雇员数额减少一半,提出另选湖南、山东和八旗三部分人组成炮手、水手和水师兵以达到相互制约;每艘军舰的管带仍由英国人担任。清廷将赫德的这一方案交给湘军统帅曾国藩办理。曾国藩立即选派部将蔡国祥充任7船的总统领,选派盛永清等7人各领一船,并申明待购入轮船驶至安庆、汉口时,每船酌情留用洋人14名,用以司舵、司炮,其余岗位全部起用湘勇。作为湘军和湘军水师的创始人,曾国藩此举居然有其扩充湘系实力的考虑,但其基本的着眼点还在于使兵权操自中国,避免授人以柄。

为了尽快实施购船方案,赫德不久便南赴广州与两广总督崇厚商定,委托正在英国休假的任中国海关总税务司的李泰国经办购买事宜。

1861年6月16日,李泰国向英国外交大臣罗素递交呈文,请求批准他为清廷在英国购买舰船和雇佣官兵,成立一支欧洲海军部队,即"英中联合海军舰队"。他特别申明说:"这支舰队不会在

---

① 《筹办夷务始末》(咸丰朝)卷七十九,上海古籍出版社2008年版,第447页。

第五章　洋务运动时期(1861—1894)晚清海军及其制度建设

任何地方妨碍女王陛下政府，反而会使它在没有进行直接援助时，享有一切好处。"① 李泰国的呈文获得批准后，为清廷在英国购买了7艘军舰和1艘运输船，并雇佣了舰队的全部水手，英国海军部通知曾参加两次鸦片战争的阿思本海军上校来指挥这支舰队。李泰国擅自代表清廷与阿思本签订合同13条、《轮船水师章程》27总目以及雇佣官兵水手合同8条。按照这些合同，中国政府必须任命阿思本上校统领这支舰队；由阿思本掌握这支舰队的指挥主权，他只需遵行由李泰国本人亲自传达的中国皇帝的旨意，并有权拒绝服从命令；这支舰队悬挂外国旗号，有关雇佣外国水手之事，中国官员一律不得过问。

李泰国一手操办的这一舰队使中国政府对舰队的权力徒有虚名。李泰国越权替清廷和阿思本"所立合同十三条，事事欲由阿思本专立"②，这明显与总理衙门"原议船中所用外国人，不过令其教练枪炮行驶轮船之法，而兵权仍操自中国，不至授人以柄"③的初衷相矛盾。清廷最终解散了这支舰队，把兵船全部遣回英国变卖。中国人打算买回这一支近代化舰队的初次尝试，就这样失败了。但巨额的学费并没有白白耗费，这一事件迫使中国人更加积极地去探求另一条兴办海军的道路。

3. 北洋海军建立

1868年，江苏巡抚丁日昌草拟了一份《海洋水师章程》6条（直到6年后才经代奏转达朝廷），提出要建立北洋、东洋、南洋三支新式海军，北洋海军负责山东、直隶海面，设提督于天津；东洋

---

① 《英国蓝皮书》(1862年)，《关于为中国政府在英国聘用海陆军官兵的文书》，《中法战争》第7册，上海人民出版社1961年版。
② 中国史学会：《洋务运动》第2册，上海人民出版社1961年版，第247页。
③ 同上书，第225页。

海军负责浙江、江苏海面，设提督于吴淞；南洋海军负责广东、福建海面，设提督于南澳。每洋各设大兵轮船6艘，根钵轮船（gunboat，炮艇）10艘，由各自提督统辖，彼此呼应，连成一气。三洋各设3座制造厂，"水师与制造相互表里，偏废则不能精"①。丁日昌的条陈，首次规划了建立中国近代海军海防的方案。经过10年的苦心经营，北洋、南洋、福建海军初具规模。不过，在1884年8月的中法战争中，福建海军马尾一战全军覆没，南洋水师遭重创，只有北洋海军没有受到任何损失。

中法战争的失败，对洋务派是一沉重的打击，尽管他们不能从根本上接受失败的教训，但是，他们没有停止进行海防、海军的建设。

1885年10月，清廷设海军衙门，任醇亲王奕譞总理海军事务，庆郡王奕劻及李鸿章为会办，李鸿章操实际大权，开始着手建立北洋舰队。

李鸿章鉴于"李泰国——阿思本"舰队的沉痛教训，开始极力主张自行制造。在他看来，自造舰船就可以达到"守疆土，保和局"的目的。后来，他看到，自造船速度慢，满足不了急速发展海军的需要；设备差，技术落后，不适应海战需要；而且"中国造船之银倍于外洋购船之价"，不如"在外订造为省便"②。他改变过去造船的主张，主张以买船为主，多次上奏购买铁甲船，并且提出："欲求自强，仍非破除成见，定购铁甲船不可"③，"若能添购两号，纵不足以敌西洋，当可与日本角胜海上"。④ 在他的请求得到了允准

---

① 《筹办夷务始末》（同治朝）卷九十八，上海古籍出版社2008年版，第621页。
② 《李鸿章全集·奏稿》卷二十四，时代文艺出版社1998年版，第1068页。
③ 《李鸿章全集·奏稿》卷三十五，时代文艺出版社1998年版，第1433页。
④ 《李鸿章全集·朋僚函稿》卷十六，时代文艺出版社1998年版，第3643页。

第五章 洋务运动时期(1861—1894)晚清海军及其制度建设

以后，就向德国订购了定远、镇远两只铁甲舰，于 1885 年驶达天津。李鸿章在向德、英购舰的同时，并不排斥福州船政局和江南制造局所造之船。这样，到 1888 年，北洋舰队舰船已初具规模，除拥有定远、镇远两艘 7000 吨铁甲舰外，还有济远、致远、经远、靖远、来远、超远、扬威 7 艘巡洋船，蚊炮船 6 艘，以及鱼雷艇等多艘，总吨位达 40000 余吨。虽与西方强国海军相比，尚有较大差距，但"以之防守辽渤，救援他处，庶足以壮声威而资调遣"[①]。

以下三个表格分别为北洋舰队主力战舰、鱼雷艇和舰队阵列。

表一　　　　　　　　北洋海军主力战舰表

舰名	舰种	吨位	马力	节数	舰员	炮数	鱼雷管数	制地	下水年代
定远	铁甲舰	7335	6000	14.5	331	22	3	德国	1880
镇远	铁甲舰	7335	6000	14.5	331	22	3	德国	1880
经远	巡洋舰	2900	5500	15.5	202	14	4	德国	1887
来远	巡洋舰	2900	5500	15.5	202	14	4	德国	1887
致远	巡洋舰	2300	7500	18.0	202	23	4	英国	1886
靖远	巡洋舰	2300	7500	18.0	202	23	4	英国	1886
济远	巡洋舰	2300	2800	15.0	202	18	4	德国	1883
平远	巡洋舰	2100	2400	14.5	145	11	4	福建	1887
超勇	巡洋舰	1350	2400	15.0	137	18	3	英国	1881
扬威	巡洋舰	1350	2400	15.0	137	18	3	英国	1881
镇东	炮舰	440	350	8.0	55	5	0	英国	1879
镇西	炮舰	440	350	8.0	55	5	0	英国	1879
镇南	炮舰	440	350	8.0	55	5	0	英国	1879
镇北	炮舰	440	350	8.0	55	5	0	英国	1879

---

① 《北洋海军资料汇编》下册，中华全国图书馆文献缩微复制中心 1994 年版，第 746—747 页。

续表

舰名	舰种	吨位	马力	节数	舰员	炮数	鱼雷管数	制地	下水年代
镇中	炮舰	440	400	8.0	55	5	0	英国	1881
镇边	炮舰	440	400	8.0	55	5	0	英国	1881
康济	练习舰	1300	750	12.0	124	11	0	福建	1879
威远	练习舰	1300	750	12.0	124	11	0	福建	1877
泰安	练习舰	1268	580	10.0	180	7	0	福建	1876
镇海	运输舰	572	350	9.0	100	6	0	福建	1871
操江	运输舰	640	400	9.0	91	5	0	上海	1865
湄云	练习舰	500	320	9.0	70	6	0	福建	1887

表二　　　　　　　　　　北洋海军鱼雷艇表

舰名	舰种	吨位	马力	节数	舰员	炮数	鱼雷管数	制地	下水年代
左一	鱼雷艇	108	1000	24.0	29	2	2	德国	1887
左二	鱼雷艇	108	600	19.0	28	2	2	德国	1885
左三	鱼雷艇	108	600	19.0	28	2	2	德国	1885
右一	鱼雷艇	108	600	18.0	28	2	2	德国	1885
右二	鱼雷艇	108	597	18.0	28	2	2	德国	1885
右三	鱼雷艇	108	597	18.0	28	2	2	德国	1885
定一	鱼雷艇	16	91	15.0	7	2	2	德国	1882
定二	鱼雷艇	16	91	15.0	7	2	2	德国	1882
镇一	鱼雷艇	16	91	15.0	7	2	2	德国	1881
镇二	鱼雷艇	16	91	15.0	7	2	2	德国	1881

表三　　　　　　　　　　北洋舰队阵列表

右翼	定远 济远 扬威	后军	镇东 镇西 镇南 镇北 镇中 镇边 左一 左二 左三 右一 右二 右三 练习舰和运输舰
中军	致远 靖远 经远		
左翼	镇远 来远 超勇		

第五章 洋务运动时期(1861—1894)晚清海军及其制度建设

自19世纪40年代鸦片战争之后,清朝政府相继经历了19世纪50年代末的第二次鸦片战争,19世纪70年代初期的日本侵犯台湾事件,19世纪80年代中期的中法战争。在饱尝海上恶果的严峻海防形势下,终于在1888年正式组建了一支"雄居东亚"的北洋舰队。

二 海军军港、基地建设

在海洋舰队海上作战编队的阵容达到相当规模的同时,清朝政府还耗费巨资,致力于海军船坞、港口、炮口等基地的营建工程。对于海军港口、基地的重要性,李鸿章评论说:"船之需坞,犹人之需庐舍,栉风沐雨,胼手胝足,不可无休息饮食之所也。"① 港口、炮台是庇护舰队的重要设施,"水师以船为用,以炮台为体。有兵而无炮台庇护,则兵船之子药、煤、水一罄,必为敌所夺,有池坞厂栈而无前后炮台,亦必为敌所杀"②。为此,李鸿章先后在大沽、旅顺、威海等地,兴建船坞、炮台,至1891年均建造成功。从此北洋舰队以威海卫海澳为停泊海军之所,以旅顺海口为修治战舰之所。"入可以驻守辽渤,出可以援应他处,辅以各炮台陆军驻守,良足拱卫京畿。"③

1881年,李鸿章就在天津大沽选购民地百亩,兴建船坞1座;后又陆续兴建船坞2座。大沽的船坞与天津机器制造局负责为北洋舰队提供舰船检修与给养供应。

但是,随着大型军舰的逐年购入,大沽的船坞和海上航道已不

---

① 中国史学会:《洋务运动》第2册,上海人民出版社1961年版,第568页。
② 同上。
③ 中国史学会:《洋务运动》第3册,上海人民出版社1961年版,第195页。

敷使用，且天津大沽地处直隶湾最西部，离北京太近又不便于舰队出击，因此需要寻找合适地点另建基地。李鸿章认为，渤海大势，京师以天津为门户，天津以旅顺、烟台为锁匙。1887年，他又进一步提出考察结论："纵览北洋海岸，水师扼要之所，惟旅顺口、威海卫两处，进可以战，退可以守……。西国水师泊船建武之地，其要有六：水深不冻，往来无间，一也；山列屏障，以避飓风，二也；路连腹地，便运粮糗，三也；土无厚瘀，可浚坞澳，四也；口接大洋，以勤操作，五也；地出海中，控制要害，六也。北洋海滨，欲觅如此地势，甚不易得。胶州澳（青岛湾）形势甚阔，但僻在山东之南，嫌其太远；大连湾口门过宽，难于布置。惟威海卫，旅顺口两处较宜。"[①] 于是，旅顺口和威海卫便被确定为北洋舰队最重要的两个基地。

旅顺口位于辽东半岛顶端，近扼出入渤海的老铁山水道，远与山东半岛相望。旅顺北面以东南面西北，群山环绕拱卫着后路。旅顺船坞工程从1881年开始，到1890年9月11日竣工，历时10年。整个工程分为两个阶段，第一阶段从1881年至1886年，由中国自主筹备与施工，聘请德国人汉纳根、善威为技术顾问。第二阶段从1887年至1890年，由中方向外商招标，最后由法国建筑商人德威尼承包。建成的旅顺港东西长而南北狭，口门最窄处仅9丈，形如扑满；港湾内风平浪静，可供巨舰驻泊。港区东边建有大石船坞一座，可用于检修铁甲巨舰，是当时亚洲的第一大船坞。旅顺口沿海依靠天然山形之托，建有海岸炮台和陆地炮台多座，共设炮60余门。此外，为守卫军港后路，又在金州和大连湾等处修建炮台

[①]《李鸿章全集·海军函稿》卷一，时代文艺出版社1998年版，第3934页。

多座。

威海卫位于山东半岛北岸东端，也是扼守渤海海峡的战略要地。威海港形若箕状，刘公岛安卧港中，将港湾分辟为东西两口。港湾三面环山，一面向海，适宜军舰驻泊。刘公岛上设有北洋舰队提督衙门（舰队司令部）、制造局、学校、兵营、靶场、弹药库、船坞等，既是基地，又是北洋舰队总部所在地。威海卫军港南北两岸、刘公岛、日岛和黄岛等处，分别建有陆地炮台和海岸炮台多座，设炮130多门。

旅顺口与威海卫作为北洋舰队两个最重要的基地，都耗费巨资经过多年建造而成为当时近代化条件优越的海军基地。两处海军基地的后勤保障设施齐全，岸防火力配备强大。但是，基地的海陆驻军指挥权不统一和炮台火力射界的限制，是其致命的弊端，在后来的甲午战争中暴露无遗，危害甚大。

三　海军人才建设

晚清对培养海军指挥人员和水兵方面非常重视。为获得优秀的海军人才，清廷主要采取国内设立海军学堂培养、向外国派遣留学生以及聘请外国顾问3种政策。

其一，国内设立海军学堂。我国设立较早的海军学堂是福州船政学堂。随后，为了保证海军发展的需要，先后在天津设立水师学堂、武备学堂、鱼雷学堂，在大连、威海设立水雷学堂。海军学堂的学员除了在课堂上取得书本知识外，还要到船上操练，以实现理论和实践的结合。由国内设立海军学堂培养人才这一措施基本解决了北洋舰队对水兵及技术人员的需求，保证了舰队的正常发展。北洋舰队成军时，各舰许多高级将领和技术人员都是从上述学堂培养出来的。这是中国最早的一批海军人才,其中多数在保卫祖国的海疆中表现英勇。

其二,向国外派遣留学生。1877年1月31日,李鸿章在《闽厂出洋学习折》中指出,由福州船政学堂派熟悉法、英文学者到法国船厂学习制造,到英国水师大学堂及铁甲兵船学习驾驶,务求精通。"如此分投学习,期以数年之久,必可操练成才,储备海防之用。"① 福州船政学堂先后派出3批学生共67人出国学习;清廷先后派出官学生出国学习共4批120人,出国后多半转入海军。另外,北洋舰队和水师学堂也派出一些人员出国学习。出洋官学生和船生归国后成为海军舰队的重要组成部分。北洋舰队的高级军官即主战军舰的管带(舰长)们几乎清一色都是赴西欧留学海军回国者,他们都是真正的海军业务内行,一流的海军军官。

其三,雇佣少量洋员。清廷雇佣洋员主要担任驾驶、机务、炮务等技术性很强的工作,聘用洋员,必定合用,其中赏罚进退、工薪、路费等都有明文规定,对技艺未精的洋匠考察后进行辞退,"另募熟手接办"②。雇佣洋员的目的在于培养中国本土技术人员,广东巡抚蒋益澧说:"船上舵工炮手,初用洋人指南,习久则中国人亦可自驶。"③ 在这一原则指导下,中国舰队雇用洋人的数目呈逐年下降趋势。1885年,定远、镇远、济远3舰从德国驾驶回国时,雇佣洋员455人,到中国后只留用43人。1888年,致远、靖远、经远、来远4舰从英国和德国驾驶回国时雇佣洋员32人,到中国后,只留下13人。北洋舰队刚成军时,主要战舰上还有50多名洋

---

① 《李鸿章全集·奏稿》卷二十八,时代文艺出版社1998年版,第1212页。
② 中国史学会:《洋务运动》第4册,上海人民出版社1961年版,第246页。
③ 《筹办夷务始末》(同治朝)卷四十三,上海古籍出版社2008年版,第90页。

第五章　洋务运动时期(1861—1894)晚清海军及其制度建设

员,到1884年便减少到了8人。在对于所雇洋员的权力限制方面,清廷严格规定"一切调度机宜,事权悉由中国主持"①。从北洋舰队建立之日起,直到它最后覆没,从来未违背这条原则。从外国人在北洋舰队中占有的权力看,有些洋员虽在北洋舰队中任职时间较长,但并未掌握实际领导权。北洋舰队共聘用过6位总教习,其中英人琅威理任期最长,两次时间长达五六年之久。清廷却只是给予提督衔,以备顾问,并非实职:"他的支配权最多只及于船舶运用术及炮术而已,至于行政则由中国人掌握最高权。"②

四　海军工业基础建设

强大海军建立的重要基础是近代国防工业体系的建立。因此晚清对于海军工业基础的建设也非常重视。

建立近代化的采煤、制铁企业。"船炮机器之用,非铁不成,非煤不济。"③煤在当时的中国一直是土法开采,铁也是土法冶炼,不能适应近代海防建设的需要。为了改变大半依靠进口的状况,1875年在台湾基隆,1877年在直隶开平设机器采煤,之后,其他各地也有机器开采。"从此中国兵、商轮及机器制造各局,用煤不致远购于外洋,一旦有事,庶不为敌人所把持,亦可免利源之外泄。"④后来,张之洞设湖北炼铁厂,也是因为"洋铁充斥,有碍土铁"⑤的缘故。于是,决心建立"日出生铁百吨,并有炼熟铁、

---

① 中国史学会:《洋务运动》第2册,上海人民出版社1961年版,第249—250页。
② 中国史学会:《洋务运动》第8册,上海人民出版社1961年版,第441页。
③ 中国史学会:《洋务运动》第5册,上海人民出版社1961年版,第123页。
④ 同上书,第139—140页。
⑤ 中国史学会:《洋务运动》第7册,上海人民出版社1961年版,第203页。

炼钢、煅矿各炉,……更兼采铁、炼钢、开煤"的联合企业。①

建立电报局和铁路。为了加速军队调动和提高通信技术,李鸿章还建立了天津电报局和津沽及关内铁路。这些部门的建立在一定程度上抵制了外国垄断经济过多渗入中国的作用。特别是天津电报局的设立,抵制了德国欲在中国架设陆线的要求,制止了英法美德等国公使打算在海上设立万国电报公司的计划,限制了丹麦北大公司在中国沿海各国间架设海线和既得权利。更为重要的是,这些近代企业与近代海军的建设相匹配、协调,提高了海军舰队的作战效能。

五 晚清海军建设评价

晚清中国经过 20 多年的经营,近代海防建设已有了相当规模,北洋舰队也成为一支具有一定战斗力的近代海军。无论从兵源、素质、士气还是从训练纪律和装备来看,当时都是远胜陆军的。北洋海军共有舰艇 25 艘,总排水量约 4 万吨,再加上南洋、福建、广东 3 支海军,至甲午战争前,中国海军共拥有大小舰艇 78 艘,总吨位 8 万余吨,成为一支相当可观的海上力量。

在强邻环列的国际局势下,中国的海军建设加强了中国的海防实力,一定程度上扭转了鸦片战争以来中国海军屡弱的局面。近代海军的建立,对外国特别是对日本起着一定的威慑作用。日本在 19 世纪 70 年代决心要耀皇威于海外,山县有朋在 1873 年夏对西乡隆盛吹嘘,经过一二年,就可以派遣军队进攻中国大陆。② 定远、镇远铁甲舰于 1885 年开到天津服役后,日本深感莫大威胁,不敢贸

---

① 中国史学会:《洋务运动》第 7 册,上海人民出版社 1961 年版,第 218 页。
② [日]德富苏峰:《公爵山县有朋传》中卷,日本书屋昭和四十四年版,第 308 页。

第五章 洋务运动时期(1861—1894)晚清海军及其制度建设

然寻衅。于是,提出八年造船计划,以对付定远、镇远,这不能不说北洋舰队的建立,起到了推迟日本进攻中国的作用。李鸿章在1891年《巡阅海军竣事折》中曾骄傲地总结道:"综核海军战备,尚能日新月异,目前限于饷力,未能扩充,但就渤海门户而论,已有深固不摇之势。"[①]李鸿章对中国海军的评价反映了北洋舰队的御侮作用和作战能力。在中法战争期间,法国侵华舰队进犯浙江镇海,遭到我守军的迎头痛击,法舰中弹多发,只得狼狈逃窜,舰队司令孤拔也身负重伤而死。甲午战争中,北洋舰队广大官兵也是英勇奋战。海战伊始,旗舰桅楼被毁,丁汝昌受伤,右翼总兵定远管带刘步蟾主动接替指挥,重伤敌旗舰西京丸。邓世昌指挥的致远舰在重伤倾斜的情况下,开足马力,向"吉野"冲去,决心同归于尽,不幸被鱼雷击中,在船只下沉的情况下,官兵仍坚持开炮击敌。来远舰在中弹起火伤势极重的情况下,全体官兵继续战斗,使中外人士大为惊叹。尽管在中日战争中中国惨遭失败,北洋舰队全军覆灭,但是,黄海海战打击了日寇的气焰。从当时整个战略形势来考虑,如果没有北洋舰队,日本舰队势必直捣大沽,后果是可想而知的。

当然,晚清海军建设的成就由于受到国力限制,无法继续发展下去。从1888年后,北洋海军没有再添置新的战舰。1891年,户部又决定两年之内暂停购买北洋武器,海防建设处于停滞状态,北洋海军在远东的优势地位逐渐被迅速崛起的日本海军所抵消。经过20多年的苦心经营,到甲午战争前,日本海军已拥有中等以上战舰32艘,总排水量达5.9万多吨,而且在作战的机动性和海上进攻能

[①] 《李鸿章全集·奏稿》卷七十二,时代文艺出版社1998年版,第2661—2662页。

力上有了很大的提高，实力已超过了中国北洋舰队。清廷的海防建设事业因经费不足而停滞，也最终导致甲午海战的失败，使中国在近代化转型过程中受到重大挫折。

甲午战争后，以李鸿章等人为代表的海军建设事业遇到重大挫折。但不久之后，清廷开始重建海军。1898年7月29日，清廷发布上谕，把复建海军作为自强的重要基础。1905年，南、北洋海军合并，1907年在陆军部成立海军处。1909年，南北洋海军统一整编为巡洋舰队和长江舰队。1910年，海军处升为海军部。在海军装备方面，清廷继续向西方国家购买先进军舰，在人才培养方面则成立各种海军专科学校并向海外派遣留学生。另外，在海军基地建设方面也有所成就。

第六章　甲午战后(1895—1911)近代海权思想

甲午战败后,晚清知识界对世界格局认知发生的深刻变化,加上印刷媒介的广泛传播,使中国人有了足够的动力和知识资源来突破传统的世界图式,海洋意识逐渐从传统的海防思想发展到了海权理论。

第一节　甲午战后近代海权思想产生背景

一　甲午战败促进了晚清从海防向近代海权思想转变

甲午战争以中国的失败求和签约而告终,中国付出了惨重的代价。甲午战争虽陆海兼有,但却以海战为主,陆战为辅。苦心经营的海军,竟然在这次海战中全军覆没,这给中国近代海军的继续发展以致命的打击,使中国海防近代化的进程受到严重的影响。

甲午战争推动了晚清中国从"海防"战略向"海权"思想迅速转变,甲午战争与鸦片战争一样成为清代海洋战略另一个转折点。鸦片战争后,面对来自海上的巨大威胁,清廷逐渐建立起海军，也由国外引进购买了较为先进的战舰，然而依然在海上被清廷眼中的蕞尔小国日本击败。甲午战败，除了清代整体的政治制度、社会环境等因素外，晚清执行的海洋战略以"海防"为主也是重要原因。清军舰队没有制定越出近海驰骋域外的大洋战略，把海军战略局限在守疆保土，维持和平的定位上，把扼守海口，防敌兵沿海登岸作为主要作战任务。甲午战争中清廷的对手日本，早已向近代海权战略转变，甲午战争的胜利也证明了晚清中国海防观念、制度的相对落伍。晚清中国开始出现反思传统消极的海防思想，主张向近代积极的海权战略转变的思潮

在对晚清落后的海防观念反思潮流中，晚清留日中国学生的观点最为典型。中国留日学生用近代海权论来反省晚清国防、外交失败的原因，认为中国海军落后、缺乏海权认识，是导致屡次战败、丧权辱国的重要原因。《海军》杂志第一期《重兴海军问题》一文指出，"甲午一役，虽有海军，然训练未精，设备未全，致一交炮火，立成粉齑。其他数役，则均任敌长驱直入，其来也无从而迎之，其去也无从而尾之。借令无别种原因支离其间，则吾神州大陆已不知几易主人"。作者更进一步地分析道："夫用兵者毋恃敌之不来，恃我有以待之，今海岸线至四千英里之长，而无一有力舰队以任防御，徒恃各国均势之局未破，仅得苟全国命，不幸均势之局一旦破，各国牵制一旦解，则亡国覆种，祸且立至。立国之险，宁有过此？"[①] 中国留日学生将海权上升到整体国家战略的层次，正是针对甲午战败的深入反思。

---

① 周益锋：《"海权论"东渐及其影响》，《史学月刊》2006年第4期。

第六章　甲午战后(1895—1911)近代海权思想

二　马汉及其海权思想

1. 马汉生平

1840 年 9 月 27 日，马汉（Alfred Thayer Mahan）出生于西点，他的父亲是西点军校的教授。1859 年马汉毕业于海军官校。两年后南北战争爆发，马汉参加战争，中间曾短期回母校任教，因此与时任校长的鲁斯（Stephen B. Luce）相识。内战结束时，26 岁的马汉已官至少校，此后 20 年继续服役，升到中校。1884 年，鲁斯奉命筹办美国海军战争学院，邀请马汉到该院任教，马汉欣然接受。马汉获聘的主要原因是他在 1883 年出版了一本小书，书名为《海湾与内陆水域》（*The Gulf and Inland Waters*），那是一套名为《内战中的海军》（*The Navy In the Civil War*）丛书中的第三卷。这本书使马汉一举成名。马汉到达学院后，鲁斯要他写一本说明国家权力与海军行动之间关系的著作。1886 年，马汉接替鲁斯担任院长职务，同时仍兼任海军史和战略讲师。

马汉在 1890—1905 年相继完成了被后人称为"海权论"三部曲的《海权对历史的影响 1660—1783》《海权对法国大革命和帝国的影响 1793—1812》和《海权与 1812 年战争的联系》。1914 年 12 月 1 日，马汉因心脏病逝世于华盛顿的海军医院。

2. 马汉海权思想

（1）海权关系到国家兴衰

马汉的海权思想观念主要得自对历史著作的阅读。马汉通过阅读蒙森所著的《罗马史》得出结论："它使我突然想到……假使汉尼拔经由海上入侵意大利……又或在到达意大利后，仍能经由水路与迦太基交通，则结果将会是如何不同。"马汉认为他发现了解释

173

帝国兴亡的关键在于能否控制海洋。但马汉发现对于海洋所起到的重大作用却没有引起人们的研究兴趣,"海洋的控制是一个从来不曾受到有系统的研究和解释的历史因素"。马汉最终决定从事研究"海权对历史过程和国家兴衰所产生的效果"①。阐明海权的重要性成为此后20年间马汉一切著作的核心。

马汉的两本代表作为《海权对历史的影响 1660—1783》和《海权对法国大革命和帝国的影响 1793—1812》,分别出版于1890年和1892年,主要内容都是英国海军史。马汉的两本主要著作都只有一个主题,即说明英国的海洋优势实为海权运用的最佳例证。马汉以重要海战作为著作叙述主线,然后再分析政治、经济和军事等方面的后果,认为从1688年起到拿破仑失败的每一个阶段中,海军优势所产生的制海权,往往足以决定胜负。海权的最后胜利即为拿破仑的失败。马汉最终认为,不需要在陆上采取大规模军事行动,而仅凭控制海洋就确保了英国的顺利。

(2) 海权六要素

马汉的书虽然是以叙述为主,但其《海权对历史的影响 1660—1783》的第一章中提出了一套完整的理论架构,那就是所谓"海权要素"(Elements of Sea Power)。马汉根据历史研究发现有6项影响海权的一般条件,并且认为是具有普遍性而且不受时代影响的。这6项要素分别为地理位置、自然结构、领土大小、人口数量、民族特性、政府性质。

在马汉的著作里,海权系指国家对海洋的控制权,它的内容非常广泛。它既包括国家在一定海域内的军事控制权,又包括国家所

---

① 钮先钟:《西方战略思想史》,广西师范大学出版社2003年版,第387页。

获得的以海洋为依托的商业贸易、交通航运等方面的优越经济地位。马汉海权思想如下图所示：

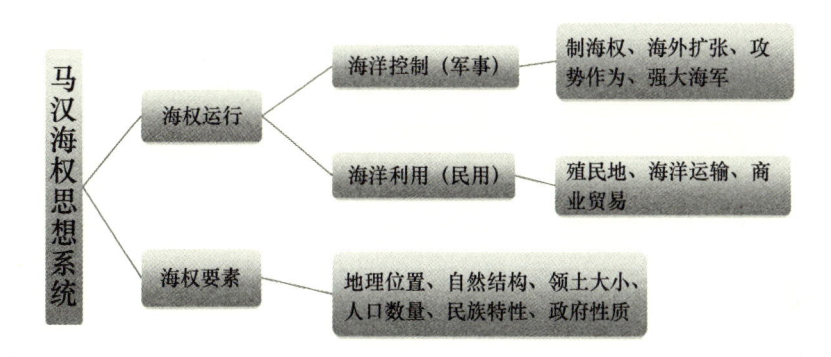

```
马汉海权思想系统
├── 海权运行
│   ├── 海洋控制（军事）── 制海权、海外扩张、攻势作为、强大海军
│   └── 海洋利用（民用）── 殖民地、海洋运输、商业贸易
└── 海权要素 ── 地理位置、自然结构、领土大小、人口数量、民族特性、政府性质
```

这一套关于海权理论的架构也许要算是马汉的最大贡献，一直流传到今天仍然有其价值。

（3）海军战略思想

研究海军战略的基本原则，也是马汉治学的重要目标。马汉以约米尼的《战争艺术》为基础，企图从这本书中找到可以转用于海战领域中的陆战原则。马汉认为在约米尼的《战争艺术》中有三大基本观念：集中的原则；中央位置和内线的战略价值；后勤与战斗之间的密切关系。马汉借用这些观念形成其海军战略思想体系的架构，在1911年出版了《海军战略：与陆上军事行动原则及实践的比较和对比》（*Naval Strategy*：*Compared and Contrasted with the Principles and Practice of Military Operation on Land*）一书。

3. 马汉海权思想在世界的影响

《海权对历史的影响 1660—1783》一书被认为是海权理论的经典著作，标志着近代海权理论的确立。马汉的海权理论深远地影响了各国的海权理论和战略。自从该著作于1890年出版，马汉即开始享誉世界。到1895年，该著作即已出版第10版，以后仍继续再版。此外，除英文外，还被译成多个国家的文字。第一种译本是俄文，1895年于圣彼得堡出版。其次则为德文和日文，都在1896年出版，法文版和西文版则较迟，分别为1899年和1900年。马汉以后的许多著作也都很畅销，可谓洛阳纸贵。

在英国，马汉不仅受到英国女王和首相的款待，牛津大学和剑桥大学还颁赠他荣誉学位，《泰晤士报》更称他为"新哥白尼"。德皇威廉二世更是马汉的崇拜者，他曾经这样说过："我现在正在吞噬（devouring）马汉的书，而不仅只是阅读（reading）而已，我正在尝试用心学习它。那是一本第一流的著作，而且在各方面都是经典。在我的军舰上都有这本书，而且经常为我的舰长和军官们所引述。"① 日本天皇曾命令每一所学校（中学和师范）都应购买该著作的日译本《海上权力史论》，而其海陆军校也都将它作为教材。

马汉逝世于1914年，但是他的影响力仍继续存在。普里斯顿（Captain William D. Puleston）说："今天，在美国海军中，任何军官研究战争时，仍会继续采用马汉的方法和理念。"尽管人类已经进入核子时代，马汉的大名仍然受到尊敬甚至崇拜，"他的确是一位天才，也许要算是美国所曾产生的最伟大思想家之一，而且确是最有创见的思想家之一，其眼光的远大，其判断的正确，其直觉的敏锐，都有异于常人"②。

三 马汉海权思想传入中国

1. 马汉海权思想传入中国

马汉的海权论在世界各国传播的同时，也传到了中国。马汉的

---

① 钮先钟：《西方战略思想史》，广西师范大学出版社2003年版，第400页。
② 同上书，第389页。

海权理论传播经由两种渠道：一是由日本人主办的在华刊物曾翻译了一些马汉的海权论；二是在日本的中国留学生为了发展中国海军学术思想，将马汉的海权论一部分引入国内。

1900年3月，由日本乙未会主办、在上海出版发行的汉文月刊《亚东时报》开始连载《海上权力要素论》，这就是马汉《海权对历史的影响1660—1783》第一章的译作。但由于各种原因，《亚东时报》只连载了两期，翻译到该书的第一章第一节就停止了。《亚东时报》翻译的版本是日文的译本，虽错漏很多，但这是马汉的著作首次被介绍到中国来。

1910年前后，中国留日海军学生创办的《海军》杂志刊载马汉《海上权力要素论》的汉文译文，改题为《海上权力之要素》，译述者是齐熙。《海军》杂志曾计划将马汉的《海权对历史的影响》全部译成汉文，并为此刊登过译书的广告，准备在杂志上连载后出一个单行本，名为《海上权力史》。《海军》杂志后来因为各种原因而停刊，因此，其全译《海权对历史的影响》的计划也就化为泡影。从现在仅存的前四期《海军》杂志看，翻译工作只进行到《海权对历史的影响》第一章第二节，比《亚东时报》所载内容多出一节。《海军》杂志此次翻译，同样是根据日文转译，但在译文风格上简朴明晰，更适合中国人阅读。

2. 在日中国留学生对马汉海权理论的讨论

1909年6月，在日本的中国留学生受马汉海权论的影响，感慨中国海军的贫弱，在东京创办《海军》季刊，以"讨论振兴海军的方法、普及国民海上知识为宗旨"。在发行的《海军》杂志前四期中，对海权的相关问题进行了集中的讨论。

第一，关于近代国家发展海权的必然之势。笛帆在《论海战性质》一文中指出：古代"所谓海战者，是无异于水上行陆军之攻击而止耳，非为占领其海面及其附近周围之海水"，亦即"以海洋目为陆军出征运送之公道"，而未闻"以之为一国专有永久占领之企图"。"今则不然，战争之范围日宽，海上之竞争愈烈"，"善战者第一在期得主管其海洋，次之在能保卫本国贸易与捕获敌之船舶"。古今对于海洋具有不同观念主要因为时代背景不同：古代商品经济不发达，"敌人之财产尚未存于海上"；古代"驾驶海洋之船舶尚未兴"，蒸汽机动力船还没有出现。近代则兴起海洋贸易，"海上贸易之丰裕，及远洋航行兵船之增殖"；近代出现了可以横行世界大洋的轮船，"瓦特创造汽机，英人用之舟中以行水，世界交通日便，海上竞逐日烈，始而地中海，继而大西洋，继而太平洋"。

第二，对于海权概念。当时的中国人对海权有两种理解，一种是狭义的理解，即按照当时国际法的规定，各国对其海湾和沿海岸线3海里之领海的主权；另一种是广义的理解，如肖举规在《海军》第二期上撰《海军论》一文，认为除了军事方面的制海权之外，还包含五方面内容，"一曰商业地位之保全，二曰交通线之保全，三曰航业之保全，四曰侨民之保全，五曰海产物之保全"。在这个广义的海权概念里，商业、交通、海航、侨民和物产等都是海权的重要内容。

第三，关于海权与国家强盛的关系。《海军》第二期海涛在《海军军人进级及教育之统系》指出："凡一国之盛衰，在乎制海权之得失。"笛帆在《海上主管权之争夺》一文中也认为："观察各国势力，即以其海上权力之大小定之。何以故？海军强大，能主管海上权者，必能主管海上贸易；能主管海上之贸易者，即能主管世界之富源。"留学生们一致认为："立国之道，国防而已，处此弱

第六章　甲午战后（1895—1911）近代海权思想

肉强食之秋，立国之元素在军备，军备之撷要在海权。时会所趋，固舍所谓黑铁赤血以外无主义，坚船巨炮以外无事功矣。"这就是说，海权问题和因此而产生的海军建设问题是中国强盛的根本。

第四，关于对古代中国海权观念淡薄、海军落后的原因。中国的民族性格和政府特质导致海权意识淡薄。沈鸿烈在《海军发刊意见书》中认为中国的国民性格阻碍了海权观念的出现，"我国有史以来，素持农本商末主义……使人民醉死梦生于小天地中，直接为活跃取进、商务振兴之妨，间接为贸迁有无、航业发展之碍者，固为我民族受病之源"。肖举规的《海军论》则认为一个政府的性质及其所执行的政策，对一个国家的海权影响极大，他说："吾国民之不知有海上权力，盖有由矣。古昔载籍既少海上知识之教训，近古以来人严守海禁之政令，关心海上者不得其门而入。""夫权者，无形之物也，视国力之强弱而已。力强则权大，力弱则权小，此一定之势，实无可争。所争者要在其修国政自立耳，国政修则国权盛，而海权乃属推其权也。"

第五，关于海权理论在近代中国海防的实际运用。留日学生对振兴中国海军产生了强烈的紧迫感，呼吁全国人民都来关心中国的海军建设事业，克服困难，建立一支强大的海军，恢复海权。晚清中国重建海军应以争夺海权为基本目标。在具体的建军规划方面，提出要以建设巡洋舰队为重点，李毓麟在《列强海军今势论》中指出："毋以小船为俭，而以巨舰为贵；毋以江河为虑，而以海洋为怀。"在舰种上要以战斗舰（战列舰）和巡洋舰为主，要求舰应具有较高的航速、较大的续航力、较强的攻击力和较好的抗沉性。至于舰队的规模，应根据未来在北太平洋地区对中国的海权构成最大威胁的敌人来决定。中国当时海上主要敌人是美、日，所以，大家主张，中国"筹备设防，当以美、日为标准"，要能够做到与美、日海军相抗衡，中国的巡洋舰队起码应"具有战斗舰八，装甲巡洋舰四，轻装巡洋舰八，水雷驱逐舰三十六"。这样一支巡洋舰队，其总吨位大约在25万吨以上。有了这种规模，中国海军"始成一有战斗力之舰队，而供海上驱逐之任务"①。

3. 马汉海权论对晚清社会的影响

马汉的海权理论传入中国后，在知识界、政治界产生了重要影响。晚清对马汉著作的翻译是零碎和不系统的，但国内的一些读者还是通过阅读这些文字了解了马汉的海权论。马汉海权论的引入对晚清海防思想产生了极大的影响。

首先，对知识分子产生了重大影响。1903年，梁启超在日本横滨出版的中文刊物《新民丛报》上，发表了《论太平洋海权及中国前途》一文，表明了梁启超对马汉海权论的崇敬和钦佩。他在文章中称，太平洋海权问题是20世纪第一大问题，"所谓帝国主义者，语其实则商国主义也。商业势力之消长，实与海上权力之兴败为缘，故欲伸国力于世界，必以争海权为第一意"。1905年一篇《论海权》的文章刊载在《华北杂志》第九卷上。该文作者完全接受马汉的理论，认为海权的根本在于海军，"海外之殖民地，旅外之侨民，国际贸易之商业，往来运转之商船，皆恃海军以托命"②。其次，对统治者也产生了重要影响。晚清海权思想逐渐被统治阶级所接受。1906年清廷政务处的一份奏章中出现"海权"一词，1907年清廷任命姚锡光拟制的海军复兴规划也以

---

① 以上留日学生的内容，主要参考自周益锋《"海权论"东渐及其影响》，《史学月刊》2006年第4期。

② 周益锋：《"海权论"东渐及其影响》，《史学月刊》2006年第4期。

海权思想为指导。最后，对广大的普通国民产生了影响。海权论的传播，促使国民海权意识觉醒。中国民众对海军在国防和经济中的重要作用有了空前深刻的认识，有海军则国防巩固，国势发展，国民生命财产也有保障，在维持中立、领海通航、通商征税、海上渔业等方面也有赖海军保护。1909年11月，安徽高等学堂在本校发起海军义捐活动。海军义捐活动不仅得到安徽省各界的大力支持，而且直隶各地和海外华侨也纷纷自发开办海军义捐，不少组织、团体、个人争相任捐。越来越多的中国人对海洋、海军、海权的重要性有了深刻认识。

第二节 严复近代海权思想

严复（1854—1921），原名宗光，字又陵，后改名复，字几道，福建侯官（今福州市）人，是清末极具影响的资产阶级启蒙思想家、翻译家和教育家，是中国近代史上向西方国家寻求真理的"先进的中国人"之一。严复的近代海权思想是其思想的重要组成部分。

一 严复近代海权思想背景

严复出生在一个医生家庭，12岁开始就接受西方文化熏陶，考入福州船政学堂，学习英文及近代自然科学知识。1877年，23岁的严复被公派到英国留学，先后就读普茨茅斯大学、格林尼治皇家海军学院。两年后毕业回国，到福州船厂船政学堂任教习，1880年调任位于天津的北洋水师学堂总教习，1889年后捐得选用知府衔，并升为会办、总办（校长）。此后在教育界、出版界任要职。《天演论》是严复最有名的译作之一，以"物竞天择""适者生存"的生物进化理论阐发其救亡图存的观点，提倡鼓民力、开民智、新民德、自强自立，号召救亡图存。他是把西方的古典经济学、政治学理论以及自然科学和哲学理论较为系统地引入中国的第一人，他的译作在当时的中国社会产生了重要的启蒙影响，在思想界和学术界拥有令人信服的崇高地位。

甲午战争之中，严复多位同窗与学生丧命疆场，这对他造成莫大的心理冲击。严复领悟到中国的失败不只是军事的落后，而有更深一层的政治、经济、社会，以及思想方面的因素，因此必须要师法西方，才能突破困境。在甲午战争期间严复写了一封信给长子严璩，一方面感叹"时势岌岌，不堪措想"，另一方面则说根本之计唯有通晓西方的学问，才能"治国明民"，达到"天地位焉，万物育焉"。他又说"终谓民智不开，则守旧、维新两无一可"。在战后他发表了四篇影响深远的文章，分别是《论世变之亟》《原强》《辟韩》《救亡决论》，各文均环绕着中西文化的对比，并探讨中国积弱之缘由。

甲午战后，严复开始积极提倡近代海权理论。严复的海权思想与他在福州船政学堂、英国格林尼治皇家海军学院的学业有关，也和他回国后从事的教学生涯有关。严复在李鸿章创办的北洋水师学堂任教，给北洋水师学堂带来了西方现代海洋思想、现代海军管理方式和教学理论。严复约从1903年前后译介马汉的海权论。严复是我国最早接触与传播马汉海权论者，他除了通过翻译孟德斯鸠的《法意》介绍与阐发马汉的海权理论外，还借草拟《代北洋大臣杨拟筹办海军奏稿》之机会，阐述有关海权的主张，形成了自己系统的海权思想。

第六章　甲午战后(1895—1911)近代海权思想

二　严复近代海权思想内容

1. 强调海权在历史上的重要性

严复完全吸收了马汉的海权理论。海权理论强调创建海军与缔造海权不仅具有军事和政治的目的，而且还具有经济的目的，即把创建海军缔造海权与追求商业利益进行商业竞争联系在一起。严复也认为海权关系到国家的强弱和国际地位高下，不缔造海权，陆权也只能随之丧失；海权也关系到国家的贫富，除了是"国振驭远之良策"，还是"民收航海之利资"①。

严复认识到，欧美诸国都极重视经营海权，其中德皇锐意于海军几至每饭不忘，俄国也为复兴海军即使重负国债也在所不惜，其海军的规复在指顾之间。而英国作为海权强国，其海权本来就强盛，但依然努力为建造战力更强大、数量更多的舰船进行准备，以进一步维护其海权优势。

2. 论证建设海权对晚清中国的必要性和紧迫性

严复从几个方面论证了建设海权对晚清中国的必要性和紧迫性。

其一，海军强权国家对中国虎视眈眈，特别是日本、美国两国，更是依仗强大的海军威逼中国。严复指出，中国与日本同为东部海洋国家，但日本不仅陆军师团称雄，而且海军也同样强大，但依然建造巨舰，日本称霸东亚的野心昭然若揭。日本在未来或以航路，或以渔业，或通过边界之纷争，或展开海上走私贸易，或殖民传教与侵夺中国的海上利益，而中国没有任何反击的利器，必然会

---

①　严复：《代北洋大臣杨拟筹办海军奏稿》，《严复集》第2册，商务印书馆1981年版，第257页。

183

成为其鱼肉对象。另一个国家美国也对中国造成巨大威胁。美国已经从早年奉行的门罗主义转变为世界主义,对外扩张成为其主要国策,称霸太平洋是其重要目标,东方的中国成为美国实现这一战略目标的地区。美日等世界各国的海上强权日渐集中于南溟东海之间,中国国势则如无鳌之巨蟹,成为渔人之钓品,得则取而食之。面对如此之危境,严复疾呼"是则必有海权,乃安国势"。[1] 严复呼吁中国建立强大的海权,以其人之道反治其人之身,反制西方列强从海上侵入我国。

其二,建设海权是晚清中国发展实业的基础和保障。19世纪末20世纪初,实业救国思潮在中国极为流行。实业救国论者认为,20世纪的世界是由"兵战"转为"商战"的时代,20世纪为工商实业竞争时期,虽然各国刻意励精于武备,除了个别国家潜蓄野心之外,多数国家无意于战争,因此不需要缔造海权而应该致力于发展实业。但严复不赞成这一观点,严复并不反对发展实业,也主张发展商业贸易特别是海洋商业贸易,但军备是发展实业的保障,国家亟宜乘时在整顿陆军之后,缮治海军,绸缪未雨,建国威而销敌萌。[2]

其三,建设海权是改变中国自鸦片战争以来颓势的主要手段。在严复看来,晚清中国之所以不热衷于海洋与海权,有自然与历史的原因。虽然中国具有海国与陆国的双重性,具备向海陆双向发展的优势,但因中国大陆地处温带,土地肥沃,人民不俟冒险探新,而生计已足,以致历代君民漠视海洋,皆舍海而注意于陆。然而自道咸以来,时势异矣,汽电用事,舟航棣通,门户廓然,列强纷纷

---

[1] 严复:《代北洋大臣杨拟筹办海军奏稿》,《严复集》第2册,商务印书馆1981年版,第259页。

[2] 同上书,第256页。

第六章　甲午战后(1895—1911)近代海权思想

跨海而来，沿海诸边屡发战争，国家自此多事，中国也处于日屈之势：商埠被人据为己有，外国领事享有裁判之权，外国教堂遍布民间而官吏任保护之责。以上情形导致是非淆异，法律分歧，内政外交，日渐荆棘。外国强权纷纷抢占势力范围：江淮之间，英日最盛，德亦狡焉思逞矣。俄涉东北，法入滇粤。这些国家皆以通商名义在中国谋求发展，又因通商则有保商；保商之后又有保教。对于教民、产业也事事干涉，一旦入籍挂旗，时时可以启衅。外国浅水军舰，随时皆可直达腹地，而地方官吏始终无法应对。当交涉稍有枝节，外国便鼓轮而来，装炮悬旗，肆行恫吓。中国之国威因之不振，法令且以不行。凡此种种，皆乃漠视海权导致的后果："常置海权于度外，至于今，其敝见矣。自与各国相见以来，失败原因，莫不坐此。"①

3. 建设近代海权的具体政策

(1) 中国伸张海权的地理范围

海权的建设是以一个国家所拥有的海洋地理环境为基础的。在严复看来，中国应在日本海、渤海、黄海、东海与南中国海等海域掌握制海权，地理范围从东北的白令海一直南到汶猎滨（今文莱）、婆罗洲、苏门答腊、新加坡，西南到达印度、马来西亚诸国。在这一广大范围内，诸岛棋布星罗，百岛千屿，它们均可成为中国之外藩，神州之拱卫。②

(2) 创建新式海军

严复认为创办海军是建设海权的中心环节。严复早年入船政学

---

① 严复：《法意·按语》，孟德斯鸠《法意》下册，商务印书馆1981年版，第474页。
② 严复：《代北洋大臣杨拟筹办海军奏稿》，《严复集》第2册，商务印书馆1981年版，第257页。

185

堂学驾驶，继而留学英国格林尼洽皇家海军大学，学习战术及炮台建筑诸学，并在军舰上生活过，后又长期任职于水师学堂，他深明海军的重要作用，将海军视为攻守之大器。严复指出，晚清中国12000余里的海岸线，快舰仅四五艘，运练各船亦仅十余艘，而且都属旧式，在战时与海军强国作战等同无用。甲午战后的中国海军受到沉重打击，已经难以应对国防需要，应该重新建立一支强大海军。严复批评甲午战后出现的海军"无用论"，指出甲午海战的失败原因不是因为"北洋设置海军历时十年，糜饷无算。至于临事，果不足恃"；而是由于"兴办海军图之而不尽其全功，非曰成之而其物为无用"。至于在建设海军方面使用巨额军费，这是国防所必需。如果吝惜钱财，不去建设强大海军，一旦战败，赔偿的巨额款项、割让领土，这些成本不知要比海军军费高多少倍。①

对于海军的创建，严复也有自己的观点。他认为海军所配置的各种舰船、火炮的功能必须配套成系统。高低、快慢、远近相互搭配，可适用于各种战场，各式环境。严复批评曾国藩、左宗棠、李鸿章等人在通筹兴办海军虽有成效，但因考虑节约军费，没有充分发展系列海军舰、炮，致使一军之内，有铁甲舰而无游击、机动之快船，有钢弹而无速放之快炮。甲午海战中，"敌觑吾短而用其长，又用其轻疾以乘吾之迟重；不然，大东沟之役，彼此雌雄未可定也"②。甲午海战的失败与北洋水师在舰、艇、火炮等装备的功能缺乏互补有关。严复对甲午海战失败原因从军事技术角度进行分析，非常具有专业见地。

---

① 严复：《代北洋大臣杨拟筹办海军奏稿》，《严复集》第2册，商务印书馆1981年版，第258页。

② 同上。

第六章 甲午战后(1895—1911)近代海权思想

(3) 建设军港

严复认为,军港是建设海权的重要构成部分。海岸线的长度、弯曲度,港湾的多寡以及海岸地带的海域是否封冻等因素是一个国家营造军港的重要地理条件。中国的海岸线曲折漫长,港湾众多,海岸地带海域常年不冻,具备营造良好军港的有利条件。洋务运动中,李鸿章等人在北方营造了多处军港,但因甲午一战而丧失殆尽。严复评论说,1894—1895年,旅顺、大连、威海、青岛等港口先后落入俄、日、英、德等国之手,而且芝罘岛、秦皇岛也成了商埠和公司之地,前后10年之间,辽渤一带的良港都断送给西方列强,以致重建海军需要在燕齐之间谋求一军港变得非常困难。然而,绝不能因为近港难求之故,就罢置不图,应该在其他地区寻找良港。中国南方可以营修扼守的港澳相当多,闽浙一带的三都澳、南北关、象山以及招宝、舟山等地,几于随地皆可设立军港。在东南修一军港,不仅可以起到远扼欧美,近控台澎,成为东洋之险要,而且由于最新战舰速度可达20余海里,一旦北方的辽海有事,从东南港口一日之内即可抵达。在北方渤海之中,另有鼍矶、沙门(即庙岛)诸岛也可建港,"其地虽属孤悬,然为之厚积聚而谨游徼,炮台、水雷,善为布置,如英地中海之摩尔塔,则亦海上之金城也"[①]。

(4) 建设海岸炮台

严复也非常重视海岸炮台,认为炮台是建设海权又一重要构成部分。严复指出,口岸炮台与海军"同为海防之政,一动一静,犄

[①] 严复:《代北洋大臣杨拟筹办海军奏稿》,《严复集》第2册,商务印书馆1981年版,第263页。

角相资"①。甲午战败后,"今者海军既已式微,炮台亦归荒废,所以庭户荡然"②,通过海路前来的西方列强不久将控制我国的海岸战略据点。严复建议要营造海岸炮台,以与海军构成掎角相资之势。

(5) 建设海权需要综合性和系统性

严复认为,海权的建设是一个长期而系统的工程,需要长期规划。国外海洋强权建设海权,"或一港而经数十年之营造,或一船而縻千余万之巨资。审曲面势,选材庀工,皆经专门大师详访细论。又必计用以立体,相敌以为图,墨守输攻,钩心斗角。炮必取于及远贯坚矣,而身重又为所必计;船必用其利行耐战矣,而省煤又不可以弗图;炮台必能策应,而客主之势始分;船坞必能速修,而接厉之气始奋。他若鱼雷屯雷,动静殊用,猎舰沉舰,明隐异施,日新月异,更仆难尽。然此犹是以形质言之者也。若夫训练之法,部署之宜,学堂应分几处,练船宜有几艘,南北宜练几军,战快应置几舰,经费所需者都若干兆,成效可卷者系若干年;他若将弁员位俸费之章程,统帅节制指挥之权限,此皆大事,必预熟筹。且使有形势而乏精神,将縻巨款而同无用。"③

(6) 缔造海权而又不偏废陆权的思想

严复强调海权与陆权的建设应该相辅相成。中国作为地理禀赋为海陆兼具型的国家,海权与陆权并非相互独立,而是相辅相成的,不可偏废。一方面,弃海从陆不可取,百川归海,江河是海洋、沿海与内陆沟通的直接通道。制海权一旦丧失,制河权也就随

---

① 严复:《代北洋大臣杨拟筹办海军奏稿》,《严复集》第 2 册,商务印书馆 1981 年版,第 259 页。
② 同上。
③ 同上书,第 263—264 页。

第六章　甲午战后(1895—1911)近代海权思想

即丧失，则"中国终古为雌"①。另一方面，我国陆地的边防线长于海岸线，因此陆防、陆权也很重要，"吾国与人接壤，陆线为长，一旦有事，在在皆资扼守。又使无陆军以为后盾，徒恃海战，亦为危机。御侮之图，欲筹之海者，必先为之陆。所幸的是，几年来，通过部臣、疆臣周咨擘画，陆军渐著成规，综计已成十有余镇。今后各省若按原定的规划逐步征集，也不难扩充"②。

三　严复近代海权思想评价

严复算得上是中国海军"教父"。严复在接受马汉海权理论的同时反思甲午战争中国海军的失败，逐步形成了建设海权的思想。作为思想家、海军专家，严复的海权思想具有深刻性、系统性和全面性。严复提出的"必有海权，乃安国势"，一语中的，指出了晚清中国的国防战略重点，体现了严复思想的深刻性；认为海权是"国振驭远之良策，民收航海之利资"，强调海权兼具政治与经济的双重目的，体现了严复的近代海权思想的色彩；虽然强调海权，但也不偏废陆权，体现了严复思想结合了中国地缘特点而具有全面性；主张海权建设包含各型舰船大小、火炮搭配，还要配合军港建设、海岸炮台建设等，体现了严复的海权思想具有相当高的专业性。

严复的海权思想也对当时晚清的海军建设起了一定作用。严复通过《代北洋大臣杨拟筹办海军奏稿》阐述自己缔造海权的思想。北洋大臣杨士骧拿到严复代拟的奏稿经过了一番删改后上奏朝廷。

---

① 严复：《法意·按语》，孟德斯鸠《法意》下册，商务印书馆1981年版，第474页。
② 严复：《代北洋大臣杨拟筹办海军奏稿》，《严复集》第2册，商务印书馆1981年版，第257—258页。

据吴生所撰《杨士骧行状》说:"奏入未几,则有筹办海军之诏。"① 晚清重建海军有多方面力量推动,杨士骧的上奏应为其中的因素之一。严复所草拟的筹办海军奏稿中的海权思想通过曲折的渠道发挥了应有作用。严复海权思想和国防观已经由传统彻底转向现代,至今仍然具有重要的参考价值。

第三节 姚锡光近代海权思想

姚锡光(1857—?)字石泉,又作石荃,江苏丹徒人,从丹徒名人周伯义先生学习经史和天文、地理、兵法等。1895年之后的海军重建,是晚清海军建设进程的重要阶段。姚锡光作为这一时期重要的军事家,其建设海军的思想和规划体现了我国海军建设思想的一个新水平。②

一 姚锡光近代海权思想背景

1878年,姚锡光作为首任驻日公使何如璋的随从,成为驻日本外交随员。出使日本的经历使姚锡光的眼界大开,他亲身体验明治维新以来日本在各方面的变化,思想上深受影响,由此和日本结下深厚的机缘。回国后,受到李鸿章的赏识和重用。1886年,经北洋大臣李鸿章邀请充当北洋武备学堂教习,成为李鸿章幕府中重要一员。在李鸿章幕府中,姚锡光恪尽职守,多次向李鸿章建言献策,陈述朝鲜问题的重要性,委婉地批评李鸿章的中日战争策略。1893

---

① 《碑传集补》卷十五。
② 此节主要参考舒习龙《姚锡光述论》,《史林》2006年第5期;舒习龙《姚锡光生平及其成就初探》,《长江论坛》2007年第1期。

第六章 甲午战后(1895—1911)近代海权思想

年正月,经北洋大臣李鸿章俟补直隶州后以知府用。1894年12月,经前山东巡抚李秉衡调赴山东,檄充前敌行营文案,兼帮办营务处。甲午战败后,张之洞积极筹划长江下游防务,此时姚锡光自莱州戎幕辞归,张之洞对姚的军事才识十分赏识,委以督府幕僚。1896年正月,调赴湖北,派充武备学堂提调,兼自强学堂总稽查。1898年,张之洞派姚锡光到日本考察学制。姚锡光在日本对陆军省和文部省各种学校进行了全面考察,回国后向张之洞作了汇报。姚锡光关于日本的军事教育、实业教育、女子教育等对张之洞影响很大。1899年清廷任命姚锡光为安徽石棣县知县,1900年调署怀宁县事,兼武备学堂提调。1901年调署和州直隶州知州,兼充下游皖军营务处总办。在皖充任地方官期间,姚锡光积极整顿吏治,加强地方政府的权力,妥善解决社会问题,捐资创办近代最早的皖省藏书楼。由于在皖治理有方,政绩突出,经管学大臣奏留京师,充大学堂副总办。5月,经北洋大臣袁世凯檄委发审公所监督。7月,兼充北洋大学堂总办。8月,署军政使副使,从此进入清朝中央权力机关。进入中央权力机关后,姚锡光在民族关系和海军建设方面发挥了重要作用,提出了许多行之有效的措施。1905年5月,奉檄前赴东部蒙古卓索图盟一带,考察垦牧、蒙盐各等情形。7月5日,任军政使副使。12月,经肃亲王善耆奏请,随同考察东、西盟蒙古事件,返回后姚锡光将考察心得写成《筹蒙刍议》。1906年9月23日,姚锡光担任练兵处提调。1908年,陆军部左侍郎寿勋丁忧,姚锡光改署陆军部左侍郎。在此期间,著《筹海军别录》,拟制海军规划。1909年,姚锡光任殖边学堂监督,又任兵部右侍郎。1911年,姚锡光参与组织帝国宪政实进会。

二　姚锡光近代海权思想内容

姚锡光的近代海权思想发展经历了三个时期，主要与其三段政治生涯有关。

李鸿章幕府时期的军事思想。姚锡光在入李鸿章幕府的时候就对军事问题发表过独到的见解。当时，日本欲侵占朝鲜，以朝鲜为跳板侵略中国。为此，姚锡光数上说帖，建议李鸿章采取以下策略对付日本：

其一，行军宜舍短而用长，中国长技在陆地而不在海洋，中国军队应以陆路为正兵，海军为奇兵，陆路为战兵，海道为游兵，强调以陆军为主，海战为辅，以取得战争的主动权，这一战略是在当时敌我双方形势判断的基础上作出的较为科学的策略。

其二，采取"守外海""取远势"的积极进攻的海防策略。中国战舰不能株守海口，而应于朝鲜外海游弋，以取远势，阻截日本前往朝鲜半岛海道往来之路，阻其归途，扰其接济，使进入朝鲜的日本人陷于孤立无援的境地。否则，如果我国海军困守海港之内，那么我军不能前往，对方则随时可来。与其让敌方不断骚扰我国海疆，还不若我军采取主动先捣毁敌人的基地，取得先人者夺人之效。

其三，重视后勤保障的军事思想。后勤保障是影响战争胜负的一个十分重要的因素，历来为有远见的军事家所重视。姚锡光认为，水陆各军以转运为急务。诚恐战事一开，海道多梗，转运不易。军火子药之需，海陆各军所共。此外，则陆以粮为急，海以煤为急，应该事先预筹。

其四，持久战思想。姚锡光认为，日本人性情嚣动，宜持久以老其师。他提出通过持久战，拖垮日本的国民经济，使它驻朝日久，导致势必不支的局面。同时水陆并用，采取陆路扼其腹地，据险自顾，不与浪战，以老其师，乘间出奇，攻其不备等战法，辅之以海路牵制的办法，将日本拖入持久战的泥沼里，最终取得战争的胜利。

张之洞幕府时期的军事思想。张之洞幕府时期，姚锡光奉命陪同德国的军事专家雷诺和莱春石泰等巡视沿江炮台和防务。在巡视江防时，对长江要隘、各炮台的形势，开办炮兵学堂培养人才等方面提出了许多中肯的意见。他认为，原有旧炮台已经不能适应形势的发展，必须进行改革。他在给张之洞的禀折中，再三强调要加强沿江防务，增设高位快炮台，配置新式快炮的重要性。对于高地设炮台的重要性，他指出如果炮台设在山脚，一旦失势受敌，将会招致敌人猛烈炮弹的攻击，炮台将片刻化成碎片。对于快炮的重要性，他说："江防以快炮为利器。……惟快炮每分钟能击十炮以外，非此断难得力，似各台皆宜增置大小快炮数尊，方便截击。"[①] 张之洞采纳了姚锡光的主张，支持建高位快炮台的建议。1896年，新购外洋40余磅子快枪炮；1898年，清廷批准在焦山之巅建筑高位炮台。

中央机关时期的建设现代海军思想。1907年，练兵处提调姚锡光奉命拟制海军规划，经过一段时期的工作，姚锡光完成了3个文件，即《拟就现有兵轮暂编经制舰队说帖》《拟兴办海军经费五千万两作十年计划说帖》《拟兴办海军经费一万二千万两作十二年计划说帖》。姚锡光提出的三个说帖对海军统一建制作了系统的论述，

---

① 姚锡光：《长江炮台刍议》禀折二，光绪二十六年皖城官舍刻本。

计划周全，规模宏大，为清朝政府规划了海军建设的美好愿景，在中国海防思想史上具有划时代的意义。其具体表现为以下几个方面：

其一，克服畛域之见，将全国海军编成巡洋、巡江两支舰队，设立海军提督统一事权，统一指挥。将现有舰艇"海圻""海筹""海天""海容""镜清""南琛""保民""康济""琛航""伏波"，练习舰"通济""威远"，鱼雷艇"辰""宿""列""张"等堪用外海作战的16艘军舰，编成巡洋舰队。再将广东所有"广"字号军舰，福建所有"福"字号军舰一体并入。将来陆续添一、二等装甲巡洋舰6艘，更换原有三等巡洋舰、巡洋炮舰、报知舰，增添鱼雷艇8艘，以形成一支作战功能齐备的巡洋舰队。将现有长江"楚"字号6舰，江南"江"字号3舰及驱逐舰"飞鹰""建威""建安"等12舰，编成巡江舰队。设立海军提督1员，统领巡洋、巡江两支舰队。设立海军总兵1员，任巡洋舰队翼长；海军副将1员，为巡江舰队翼长。并根据各国海军舰长皆官至上校的惯例，建议以参将为管带的最高品秩。

其二，重建海军规划中强调近代制海权思想。姚锡光在1907年拟制的海军复兴规划内容，充满了近代海权思想。在《拟就现有兵轮暂编经制舰队说帖》中说："海军与陆军相为表里，我国海疆袤延七省，苟无海军控制，则海权尽失，将陆军亦运调不灵。"[①] 在他制定的2个分年规划中，将中国海军装备建设重点集中在具有巨大远洋作战能力的远洋战力舰上。姚锡光认为，如果没有海权，不但远洋无法控制，即使近海权益也难保证："今天下一海军争竞剧烈

---

① 姚锡光：《筹海军刍议》序，光绪三十四年刊于京师寓斋。

之场耳。古称有海防而无海战，今环球既达，不能长驱远海，即无能控扼近洋。盖海权者，我所固有之物也，彼虽束我，焉能禁我之治海军？""夫天下安有不能外战而能内守者哉?!"① 因此应建成有大型战列舰和装甲巡洋舰组成的总吨位达10万吨的巡洋舰队，以巩固中国海权；舰队应攻守全能，尤其要具有较强的攻击能力。

其三，发展海军教育的思想。姚锡光认为："海军人才尤赖教育，此为开设海军之根本也。""造育之方，设教于本国，遣学于外国，分徒并进，浸淫既久，而人才出焉。"因此，他建议："兹拟就军港所在，设为初级、高级专门诸学堂，演习、研究学营诸厂舍，而择其优者，以留学监造于外国学堂、工场，期以10年，则具海军知识之将士可增至千员以上，而足用之。"②

姚锡光还主张应该在海军中成立一个海军研究所。这个研究所的任务不是研究驾驶、管轮，而是研究军事战略："海军研究所为中下军官讨论学术之地，期扩新知，不封故步。"晚清海军建设局限性在于被动应付，无长远战略规划。姚锡光主张成立海军学术研究机构，这是我国海防建设正规化的开始。

三 姚锡光近代海权思想评价

姚锡光在清末筹建近代海军的过程中具有重要的地位。姚锡光的海权思想及其拟定的海军振兴规划，对我国海军的近代化起了非常重要的作用。姚锡光的海军战略中，制海权思想也有了较为清晰的表述。姚锡光主张的"天下安有不能外战而能守内者"，这是对从魏源以来专守内海理论的否定，表明近代海权理论已经深刻地影

---

① 姚锡光：《筹海军刍议》序，光绪三十四年刊于京师寓斋。
② 姚锡光：《吏皖存牍》卷上，光绪三十一年刻本。

响到清代的海军政策。中国海军建设开始步入了一个新时代。

在姚锡光制定的两个分年海军规划中,他将中国海军装备建设的重点集中在具有巨大远洋作战能力的战列舰上,这一点恰恰是马汉的一个重要观点;此外,姚锡光的规划中还有一个空前的建议,即在海军中成立一个"海军研究所",这个研究所的任务,不是研究驾驶、管轮,而是研究军事学术。晚清中国海军建设最大的不足是缺乏海军军事学术的研究机构,李鸿章建设北洋海军时,成立了许多海军机关,但就是没有军事理论的研究机关。姚锡光能够提出如此重要的主张,在很大程度上归功于马汉海权理论的影响。这以后,海军学术界开始运用海权论的基本观点考察和分析中国海军建设和作战问题,认为应该以夺取海权作为海军建设和作战方针,对海军建设和作战思想产生重大影响。这无疑是中国海军建设和作战思想的一大进步。也为民国的海权和海军建设打下了基础。

在姚锡光的海军发展战略中,组建集中统一的巡洋舰队思想具有重要意义。按照功能而非区域建设海军,是对分区域完成海军近代化思路的一种否定和超越。从历史教训来看,"三洋"舰队的构想容易在地方军阀派系争夺的背景下造成有限实力的进一步分散和隔断,造成部分区域海军的片面发展和整个海军发展被忽视的局面。而按巡洋和巡江的使命编成舰队,就能使舰队的使命更加明确,协同能力和适应不同海区作战的能力更为提高,真正使有限的力量集中发挥更大的作用。姚锡光提出成立海军部等建议也被采纳。

第四节　张謇近代海权思想

张謇(1853—1926),字季直,号啬庵,祖籍江苏常熟,生于

第六章　甲午战后(1895—1911)近代海权思想

江苏省海门市长乐镇。清末状元，中国近代实业家、政治家、教育家，主张"实业救国"。张謇的近代海权思想颇具特点。

一　张謇近代海权思想背景

张謇早年接受传统儒家教育。1868年，15岁的张謇参加县、州应试。1874年，21岁的张謇应调任江宁发审局孙云锦之邀前往任书记，帮助办理文牍，开始了游幕生涯。1875年，经孙云锦介绍，结识了驻军浦口的直隶正定镇总兵吴长庆。张謇应邀于翌年夏加入庆军幕府，专治机要文书。1882年夏，朝鲜爆发兵变，日本以保护侨民、使馆为由，逼迫朝鲜政府赔款，签订新的不平等条约。李氏王朝请求清朝政府出兵援救。张謇随吴长庆统军于六月下旬赴朝，共商如何应付当前事变。张謇参与庆军历次重大决策，迅速有效地解决了朝鲜的内乱，也暂时挫败了日本吞并朝鲜的企图。27岁的张謇在紧急事变中表现出作为机要幕僚镇静应付与勤勉治事的优秀资质，得到吴长庆的赏识。张謇辅佐吴长庆先后有8年之久，本想借助庆军建功立业，而吴长庆之死却使其梦想随之破灭，张謇返回故乡。

张謇回乡以后，在10年间经历了一次又一次考场争锋。1885年春夏之交，张謇赴京参加顺天乡试，名列第二，中"南元"，即南方考生中的第一名。1886年会试，张謇却未被取中。1889年，张謇再次北上应试又一次落选。1890年为光绪皇帝亲政恩科，张謇北上参加会试名落孙山。1892年春，张謇第四次北上应试落榜。1894年，慈禧六十寿辰，清廷举行恩科会试，张謇金榜题名，状元及第，随后被授予翰林院修撰的官职。

1895年，两江总督张之洞正式札委张謇经理通海一带商务，要求他招集商股,在通州兴办纱厂。张之洞不仅直接促使张謇投身实业,而且还为他提供了现存的机器设备。1899年大生纱厂终于建成投产,正式出纱。

1903年始,张謇创办通州大达小轮公司,开辟内河航线后,又将目光转向长江航运与江河海水陆联运的系统工程上。天生港和上海大达轮步公司、达通航业转运公司、大中通运公行、泽生水利船闸公司、大生三厂至青龙港铁路等,点状分布,构就江海大平原上纵横交错的交通运输网络。张謇又创办通海垦牧公司、资生冶厂、资生铁厂、广生油厂、复新面粉厂、阜生蚕桑染织公司、颐生酿造公司、颐生罐诘公司、淮海实业银行、同仁泰盐业公司与渔业公司、翰墨林印书局、大隆皂厂、懋生房地产公司、大昌纸厂、大聪电话公司、大达公电机碾米公司、通燧火柴厂、通明电气公司、镇江笔铅公司、耀徐玻璃厂、上海闸北房地产公司以及有斐旅馆、南通俱乐部、桃之华旅馆等数十个企业,并开发苏北沿海滩涂,创立了20多家垦殖公司。这些企业大多是以大生纱厂为轴心,直接或间接为大生纱厂服务,或者凭借大生纱厂获取利润。

在发展实业的同时,张謇又努力兴办新式学堂。张謇所提倡的教育,目的是"开启民智",提高国民的文化素养与思想素质,更好地实施"实业图强"的大计。1903年全国第一所民办师范"通州师范学校"正式举行开学典礼,张謇亲任校长。1905年又创建了通州女子师范学校。1906年师范附属小学——全国最早的师范附属小学和女子师范附属小学诞生。1909年建立南通私立甲种商业学校,1912年创设私立南通医学专门学校,同年,南通农业专门学校、南通纺织染传习所(次年改称南通纺织专门学校)在唐闸诞生。

1905年张謇建博物苑于通州城南。这是中国人创办的第一所博物馆。1903年南通翰墨林印书局开工营业,是近代中国最早创办的一批具有现代概念的出版机构之一。张謇将南通城南东岳庙遗址改建为南通图书馆。

二 张謇近代海权思想内容

1. 渔权即海权的思想

张謇年少时,受到传统的"陆权思想"的禁锢与束缚,认为"毋庸舍长用短,相持于汪洋大海之中,争不必争之地也"①。张謇对海权的重要性还尚未有深刻的认识。但在甲午战争之后,张謇的思想迅速转变,1894年7月,张謇在其撰写的《治兵私议》一文中,提出了"治海军"的建议,主张建设一支实力强大的海军,以军舰时时"游弋东西洋"的方式,御敌于领海之外,"保护中国商旅,熟习各国海道",并控制我国的岛屿。②张謇具有了初步的近代海权观。但作为实业家,张謇其后发展出了不同于传统注重军事的海权思想,而更注重海洋的利用,特别是提出了渔权即海权的思想。

作为生长在滨海城市的张謇对海洋渔业具有自然的关切。在19世纪末叶,德、日等国的渔轮经常在中国的海域猖獗捕鱼,公然侵犯我国的领海权。张謇觉察到世界各国恃强争夺海权日益严重,列强已经把渔界扩张到我国近海,它们所谓的"公共界之远洋",都在江浙渔业界之旧地。这些国家将来必以"远洋公界"为辞,侵夺我国在近海的渔业利益。张謇深刻地认识到,一个国家的渔业与这

---

① 《张謇全集》第1卷,江苏古籍出版社1994年版,第12页。
② 《清代兵事典籍档册汇览》,学苑出版社2005年版,第72页。

个国家的领海界、海权密切相关,"领海界大约以近海、远洋为分别,近海为本国自有之权,远洋为各国公共之路"①。"所谓领海者,平时捍御边警,及战时局外中立之界限,亦即保护渔利之界限。两国分界处往往以兵舰守之,美国于海岸十二英里内且行检查,每有因争渔界而开衅者,其郑重海权如此。"②他认为,我国"若不及早自图,必致渔界因含忍而被侵,海权因退让而日蹙。滨海数十里外即为公共洋面,一旦有事,人得纵横自如,我转堂奥自囿,利害相形,关系极大"③。

张謇认识到"海权、渔界相为表里,海权在国,渔界在民。不明渔界,不足定海权;不伸海权,不足保渔界。互相维系,各界皆然,中国向无渔政,形势涣散。洋面渔船所到地段,散见于《海国图志》等书,已不及英国海军官图册记载之详"④。1904年张謇担任翰林院修撰,并在刚刚成立的商务部兼任头等顾问,面对各国列强对中国领海侵渔侵权的行为,建议清廷应采取措施制止他国在中国海疆的侵权侵渔行为,提出了将海权和渔业结合,使中国渐有"渔界所在,即海权所关";"海权界以领海界为限,领海界以向来渔业所至为限"⑤,建议划定海域的捕鱼区,确定新旧渔业行渔范围,以保护中国的近海"本国自主之权",最终达到"定渔界以伸

---

① 张謇:《商部头等顾问官张殿撰謇咨呈两江总督魏议创南洋渔业公司文》,《东方杂志》第9期,光绪三十年九月二十五日出版。

② 张謇:《南洋大臣照会》,《拟办中国渔业公司纪要》,江浙渔业公司光绪三十年,第1—2页。

③ 张謇:《商部头等顾问官张咨呈本部等议沿海各省渔业办法文》,《东方杂志》第3期,光绪三十二年二月二十五日出版。

④ 同上。

⑤ 张謇:《呈南洋大臣议略》,《拟办中国渔业公司纪要》,江浙渔业公司光绪三十二年,第21页。

海权"①。

对于确立渔界范围,张謇主张通过绘制地图从而达到对外宣示主权的目标。张謇主持绘制了中国第一部渔场海图,表明我国的领海渔界。1905年年初,意大利驻中国使馆照会清廷外务部,邀请中国派人参加于1906年意大利在米兰市召开的渔业赛会。清廷决定参加这次国际性渔业赛会,张謇提请清廷要倍加关注"米兰渔业赛会所暗含的领海主权问题",主张利用此次极好的机会,自行绘制好海图,拿到国际上表明中国的渔界和领海主权。清廷根据张謇的建议,指示外务部和广东水师提督、南北洋海军统领萨镇冰领衔,绘制《江海渔界全图》,表明中国疆域管辖的范围,彰显捍卫海疆国土的立场,并且要求:"非绘成全图,不足划清渔界,即不足表明领海,……南洋为要冲之区,江海各防尤为重要,应将此项图志,加以考核,准经纬线,着色精绘……趁此会场,据此表明渔界,即可以表明领海主权。"在米兰世博会上展出的中国的渔界图,首次明确中国划定带有专属经济区性质的"捕鱼区",让世界了解了中国渔界和领海主权。张謇对这次参展事宜甚为满意,他亲自作了这样的记述:"规划意大利秘拉诺赛会,以中国东南海渔界图往与会。渔界所至,海权所在也……以海产品物、中国渔具渔史、带我东南海渔界图而去,彰我古昔领海之权,本为我有之目的。"②

除了使用公开出版的地图宣示渔界主权外,张謇提出"自行我领海主权"的思想,通过大力发展远洋渔业而确定渔界:"渔业者,海线之标识也。"③张謇呼吁通过"在渔业界中自求张力",建议沿

---

① 张謇:《山东商务局据渔业公司咨拟定现在将来各办法转详署山东巡抚杨请咨部立案文》,《东方杂志》第3年第6期,光绪三十二年六月二十五日出版。
② 孙力舟:《清末中国保护南海渔业主权史记》,《青年参考》2009年6月16日。
③ 《张謇全集》第1卷,江苏古籍出版社1994年版,第35页。

海各省应该多造新船，联合成立沿海七省公共之渔业公司，前往我国远洋海面捕鱼，国家则"派游弋兵轮每季周巡一二次，以资保护"①，从而"不分畛域，声气相通，彼此往来，标识中国领海旧界，以固其表"②。"自行我领海主权，有七省联络之保护官轮，自表我中国渔界，不必与各国立约，……而我亦确占主位。"③

张謇认为发展渔业是维护海权的重要手段："渔业盛则渔界益明，渔民附则海权益固。"④为此，"各国则视渔业为关系海权最大之事，其领海界限由三海里渐至十海里"⑤。从日本考察回来后，张謇更感到中国的渔业发展、航政建设之重要。他明确提出："渔业和航政的范围到哪里，国家的领海主权就到哪里。假如只有海，而没有渔业航政，试问主权从何表现？我国政府应努力挽回已失的权利并大力发展沿海渔航业。"⑥在张謇的倡导下，其创办的渔业公司的渔轮和民众的渔船都要升挂国旗，他把渔场海图分发给广大渔民船工，使人人皆知中国的海权渔界。

2. 推进渔业的近代化生产

张謇力图改变"中国渔政久失，士大夫不知海权"的现状，主张应该发展新型海洋渔业，创建新型海洋渔业活动，沿海各省应由民间联合创办渔业公司，制造先进的渔轮。1904年，张謇撰写了

---

① 张謇：《南洋大臣照会》，《拟办中国渔业公司纪要》，江浙渔业公司光绪三十年，第1—2页。

② 张謇：《咨呈商部南洋大臣》，《拟办中国渔业公司纪要》，光绪三十一年八月，第33页。

③ 张謇：《商部头等顾问官张咨呈本部等议沿海各省渔业办法文》，《东方杂志》第3期，光绪三十二年二月二十五日出版。

④ 同上。

⑤ 张謇：《南洋大臣照会》，《拟办中国渔业公司纪要》，江浙渔业公司光绪三十年，第1—2页。

⑥ 孙力舟：《清末中国保护南海渔业主权史记》，《青年参考》2009年6月16日。

《商部头等顾问张殿撰謇咨呈两江总督魏议创南洋渔业公司文》的奏章,明确创办渔业的宗旨,乃为保护中国渔业,保全中国之海权。次年4月,清朝廷令准张謇的条陈,正式创办起"江浙渔业股份有限公司",这是我国历史上第一个采用机器动力捕捞的海洋渔业公司。与此同时,他们还从青岛买下了德国的"万格罗"号拖网渔轮,将此更名为"福海轮",从而成为中国第一艘出海捕捞的机动拖网渔轮,一方面从事捕鱼,另一方面用来保护沿海民间的渔船。对张謇而言,办渔业公司不在盈利,兴渔业而护海权才是真正的目的。张謇成为"渔权即海权"论的实践者。

3. 加强渔业教育

张謇重视渔业教育。在发展渔业的基础上,张謇把海洋工作的重点转向了渔业教育,以培养海洋渔业人才,更好地保护海权。张謇开办渔民学校,筹设水产讲习所,以培养渔业人才。1904年正式向清朝廷奏章提议,要求创办一所水产学校。由于师资、经费、生源等原因,筹办学校一事进展十分缓慢,最后由江浙渔业公司先行开办了一所渔民小学校。在发展渔业、培养渔业人才的基础上,张謇还要发展航运教育,培养轮船驾驶员,建立商船学校。在《致瑞澂函》中就细说了原因:"中国创办商轮局已数十年,而管驾、管机悉委权于异族,非特利权损失,且无以造就本国人才。际此商战竞存之世,欲借以保主权而辅海军,非创设商船学校不可。"[1] 为了筹集经费,解决土地问题,他要求"承前监督袁咨请农工商部转咨沿海十一省,合筹银十万两"。他在上海吴淞炮台基地购置土地,着手筹建商船学校。1912年,在张謇的努力之下,吴淞商船学校终

---

[1] 《张謇全集》第2册,上海辞书出版社2012年版,第217—218页。

于在吴淞成立。

三 张謇近代海权思想评价

张謇提出的"渔权即海权"具有重要意义。张謇把渔权和海权有机地结合了起来,使海权理论超越了纯军事领域范畴。张謇提出的"自行我领海主权"的思想更具有重要意义。渔业因其特有的灵活性,对维护国家海洋权益具有不可替代的重要作用。张謇重视渔权的争取与维护,把它放到国际关系的大局中考虑,并通过加强渔业的实际存在和确立渔业在一些海域的主导地位,达到对外宣示主权和行使主权的效果。张謇关于发展近代渔业的思想也具有重要意义。张謇认为发展近代渔业是一个系统、综合的工程,包括造船、教育、组织等,至今对我国发展渔业也具有重要的参考意义。

张謇的海权思想也影响了正在推行新政、向现代国家艰难迈进的晚清政府。清廷采纳了张謇的主张,开始采取措施制止他国在我国海疆的侵渔行为。当时,清政府曾以巨款收购经常到我国沿海捕鱼的德国渔轮,以制止其侵渔行为。对美国渔轮要求购买船员食用大米一事,亦以不在我国南部的领海捕鱼为条件,才答应限量供应。

第五节 晚清海权思想评价

从中国传统海防思想的复兴,到引入西方近代海防思想,再到马汉海权思想传入中国,晚清海权战略的发展经历了一个曲折的发展过程,其中有诸多值得反思之处。

第六章 甲午战后(1895—1911)近代海权思想

一 传统政治、经济体制是晚清海权思想发展的桎梏

晚清中国发展海权思想没有政治、经济之本作为保障。晚清海权战略未能成功实现主要在于中国整体的社会系统无法与近代海权战略相匹配。海权战略的实施必须与中国社会系统变革相同步。近代海权强国往往以市场经济体制作为其发展基础。市场体制下的自由贸易导致军事上的强大海权。由于农耕社会缺乏商业社会向海外寻求财富和利润的冲动，中国古代海军与西方海军相比，天然缺乏向远海、外洋伸展的动力和能力。实施海权战略必须实现传统农耕社会向现代商业社会以及现代工业社会的转型。清廷出于维护中华道统的目的，在"中体西用"思想的指导下，企图在不触动传统社会政治、经济体制的前提下，发展出一支攻守兼备的近代海军，显然是不可能的。清廷宁愿限制生产力的发展也不愿改革传统、内向型的"以农为本"的政经体制，以致其"自强""求富"的整个近代化事业终成泡影。近代海防事业以及海权战略最终没有取得完全成功，其根本原因在于传统政治、经济体制的迟滞作用。

因此，源于西方社会系统的海权思想和战略在与近代中国社会环境对接时出现了体用之间的深刻矛盾，中国传统的政经体制无法与现代海权战略调和、适应。这种产生于结构方面的深层次矛盾阻碍了中国海权战略的顺利发展。

二 以传统农业经济为基础的国力无法支撑大规模海权思想

晚清中国以农立国，百分之七八十的经济收入来自田赋。田赋的增长是一个自然缓慢的过程，随着平定内乱、对外战争经费的不断支出，使清廷长期处于财政拮据、入不敷出的窘境。早期林则徐

等人所进行的海防事业,极少得到国家的经费支持,全靠自行筹集款项,来源一是历年洋商捐资的留成;二是动员商人临时捐资;三是向广东省大小官员和民间摊派。林则徐经办的海防事业仅仅局限在广东,经费开支就已经左支右绌。及至李鸿章具体主持海军发展的年代,经费匮乏更加严重。近代海军装备朝着大型铁甲舰方向发展,其经费也与日俱增。1861年,中国购买"阿思本舰队"只需花费白银150万两;而20年后仅购买一艘7300吨级的铁甲舰,其费用就高达182多万两。清廷向德国定造"定远""镇远"和"济远"三舰共需银400万两经费就是临时多方筹措的。由于经费有限,清廷不得不集中力量先行发展北洋海军。

此外,由于中国地缘特点,陆上防御也是清代重要的国防战略。近代以来,俄国、英国、法国等西方列强从蒙古、新疆、西藏、云南、广西等内陆边疆地区紧逼中国,东北、华北、西北和西南漫长的陆疆全线告急,因此在晚清国防战略中,塞防和海防必须同时兼顾。作为一个海陆地缘大国,塞防任务有时压倒海防任务。在有限的国力下,晚清的海防战略显然受到了塞防战略的严重掣肘。

三 险恶的国内、国际政治环境严重阻碍了晚清海权思想的发展

清代在鸦片战争前的两百年时间内,有着有利的内外政治环境。康雍乾时期,三代皇帝励精图治,平定叛乱,开疆拓土,堪称盛世,出现这种局面得益于这一时期有利的国内、国外环境。但鸦片战争之后,内外形势发生急剧变化,清廷被频繁的国内战争、对外战争过多地消耗了精力。晚清70年,几乎每隔几年就有大规模的国内或对外战争爆发,这一时期的内外环境对于清廷严重不利。

第六章　甲午战后(1895—1911)近代海权思想

近代外国入侵中国的战争从鸦片战争算起。1840年英国舰队从海上敲开了中国国门，1856年英法联军再次用坚船利炮从海上入侵中国，先占领广州，然后驱兵攻下北京城。1884年法国舰队肆行于东南沿海，福建水师惨遭败绩。1895年甲午战争，北洋舰队全军覆没。1900年八国联军的炮舰又迫使清廷签订《辛丑条约》。据不完全统计，自鸦片战争后的百余年间，西方列强从海上入侵中国达84次。鸦片战争之后，更是内战不断。1851年太平天国起义爆发，战火遍及东南、华北，延续时间长达15年。随后捻军起义、陕甘回民起义、云南回民起义严重危及清廷统治，新疆阿古柏分裂政权更使乾隆开拓西域两万里的成果化为乌有，1899年开始的以京津等华北地区为活动中心的义和团运动对清廷统治造成严重威胁。

近代以来的晚清陷于内战和外战相互引发，最终形成恶性循环局面，严重阻碍了处于萌芽状态的海防近代化建设，限制了近代海权战略的发展。晚清没有出现"治安中国而四夷自服"良好的国内、国际环境，清廷原本可以集中全国人力、物力、财力来全面实施和发展近代海权战略，但因无法获得一个和平喘息期而一再中断。一个良好的国内政治生态环境与和平的国际环境是一个国家国防战略发展的重要条件。

第七章 晚清中国维护海权的实践

鸦片战争之后，晚清政府除了在海防制度方面进行建设外，还运用国际法维护本国海洋权益。19世纪末，晚清中国派遣军舰出洋进行一系列维护南海主权的实践行动。晚清在国力和海军力量非常有限的情况下进行的维护我国海洋权益的行动具有重要的意义。

第一节 近海的初步维权活动

一 利用国际法维护中国和朝鲜的近海主权

1864年春，普鲁士公使乘坐一艘军舰来到中国，在天津大沽口海面遇到3艘丹麦商船，予以拿捕作为捕获品。总理衙门提出抗议，认为进行拿捕的水域是中国"内洋"，即指内水，应属中国管辖。总理衙门大臣在致普鲁士公使的照会中声称，任何外国在中国内洋扣留其他国家的船舶是明显对中国权利的侵犯。同时普鲁士公使的做法，也违背了其签订的国家间和约。清廷以国际法原则为依据，提出如果不改弦更张，中国将不接待普鲁士公使。普鲁士最终释放了丹麦商船，并赔偿了1500元。

1875年，日本兵船到清朝藩属朝鲜沿海水域非法测量，遭守军炮击，日驻北京公使森有礼向清廷提出抗议，李鸿章答复说："你兵固是去高丽海水。查万国公海近岸十里之地，即属本国境地。日本既未与通商，本不应前往测量。高丽开炮有因。"[①] 日本公使坚持认为，日本舰船有权到朝鲜沿岸测量海礁，李鸿章以《万国公法》中的领海规定为法律依据，予以断然拒绝。

二　1894年东海抓扣外籍武器走私船

1894年9月20日，福建白犬山左近洋面，一艘没有旗号的神秘商船正向北快速航行，在它的船舷上书写着船名巴山号（Pathan）。忽然，从它的后方高速出现了一艘大清军舰，这就是南洋舰队的主力舰，当年曾经重创法军尼埃利舰队的南琛号。

南琛舰以旗语命令巴山号停船，巴山号置之不理，南琛舰于是放空炮2响，巴山号立即挂出英国国旗，但依然不停。南琛舰再度鸣炮示警，该船始停。

这几日，南琛舰奉命在这一带海域搜寻一条为日本走私军火的英国商船。巴山号不仅不悬挂国旗航行，而且在相关的船运公报中根本就没有登记航讯，十分可疑。

南琛舰舰长袁九皋命令三副带队，登上巴山号取回货单、船牌（执照）。经核查，货单内就有运往日本的手枪、枪弹等。南琛舰果断扣押巴山号，并押送到基隆港，请淡水海关税务司马士派人进行检查。但巴山号船长居然将舱门封闭，拒绝检查，中国官员随即强行开舱，英国领事提出抗议。另外，巴山号是满载之船，所载货物有的发往上海，有的发往日本。由于发往日本的货装在舱底，如果

---

① 《李鸿章全集·译署函稿》卷四，时代文艺出版社1998年版，第4228—4229页。

对其检查，必须先把上面发往上海的所有货物清卸干净。马士因此建议，可以派人押送巴山号到上海卸货后，再将运往日本的货物逐件检查。清廷无奈同意巴山号到上海后再进行搜查。

10月5日，巴山号在海关押送下离开台湾前往上海。上海方面，江南苏松太道刘麟祥已经做好了充分准备，并行文英国总领事韩能，要求其派员一同查验。

10月7日晚，巴山号抵达上海，因吃水过深，暂泊吴淞口，以驳船装卸。海关为慎重起见，命令过驳时将其所有舱柜加贴封条，送达码头后统一开验。货物驳至招商局虹口码头，海关约请苏松太道于10月10日上午7点开始共同查验。

10月9日，英国总领事韩能照会刘麟祥，表示将协助巴山号的船东就中国"无故扣押"一事进行索赔，遭到刘麟祥严词驳斥。

巴山号上舱运送到上海的货清卸完毕，发往日本的货物已经露了出来，但此时，江海关税务司、英国人贺璧理（Alfred Edward Hippisley）却声称因该船离开纽约时中日尚未宣战，如有军火，货单上应该不会隐瞒，所以只要查验货单就可以。

刘麟祥对此坚决不同意，双方发生激烈争执，英国公使也在北京向总理衙门施加巨大压力。在中国衙门之间扯皮之际，10月26日，巴山号在没有进行必要搜查的情况下，被大清海关中的英国籍洋人放行，离开上海开往日本。

巴山号走后，英国驻上海领事馆随即要求中国对"违例扣留"之事进行赔偿。刘麟祥据理力争，英国外交官甚至说那些在台湾就已被查获的手枪"专作玩具"。

英国政府将此事提交给了伦敦的皇家法院，法院认为，虽然巴山号携带了违禁品，但因为该船系被带往一不合理的偏离该船航线的港口，没有经过任何审判程序——既没有起诉也没有打算到任何法庭起诉便被扣留，所以英国政府有理由支持船主一方提出合理的赔偿要求。英国随后正式向中国提出了5000英镑的索赔要求。

对英国提出的赔偿要求，署理台湾巡抚唐景崧质问英国人："若谓仅弹枪三箱，所值无多，何以指为军火？试问枪与弹不算军火，何物谓之军火？既可少载，岂不可以多载？当日南琛在洋面即见巴山军火，确凿有据，焉能不带至基隆听候查验？该船既无违禁之件，何以先不进口？何以一经查至下舱，即封闭不服查验？所称延误，乃其自取。至先后起验之货，不及一舱，何至受损？且受损者究系何物？当未放行之先，何以不指明请验？兹于放行之后，凭空称物受损，何足为凭？又该船进基隆口时众目所睹，绝无搁浅之事，该船船主亦无搁浅之说，其因何入坞修理，与中国无涉。总之，此案考之公法，中国既有应查之权，即无违例之处，更无认偿之理也。"苏松太道刘麟祥也指出："历来中外交涉，领事本以偏袒为能事，以期见好于商人。故遇事必多方辩难，迨知理屈，又以护前不肯自休。"他认为对此事应"设法因应，从容理论"①。

当时中日甲午战争正在关键时刻，中国需要英国的支持。总理衙门经过多方权衡，只能违心地接受了英国方面的勒索，赔款了事。

巴山号事件中，南洋舰队在面对英国商船时毫不手软。而从台湾、上海到北京，中国各级官员们都表现出了寸土必争的信念，最后虽然出于大局不得不妥协，但这也给更大范围内的外交折冲提供了回旋余地和讨价还价的砝码，南琛舰也因此在外交史上留下了强

---

① 转引自雪珥《晚清海军扬威世界的五个瞬间》，《中国经营报》2009年5月18日。

悍的一页。

三 1900年阻寇三门湾

1899年2月，意大利向中国政府发出了照会，要求参照旅顺、大连湾先例，租借三门湾为军港，同时要求修筑一条从三门湾通往鄱阳湖的铁路，并将浙江南部列为其势力范围。

但意大利人没有想到，中国方面因为事先得到了法国透露的情报，对此照会干脆就不拆看，原封退回。在国内好战派的鼓动下，意大利政府同意向中国政府提交最后通牒，但在罗马向其驻北京公使马蒂诺发出这一电报之后，因英国愿意帮助意中调解，罗马又立即发出了第二封电报，要求驻北京公使不必提交最后通牒。但不知何故，两封电报到达的顺序被颠倒了，马蒂诺以为那封后到的递交最后通牒的是最新指示，立即强硬地向中国政府提出，如果在4天之内不接受意大利的要求，意大利将与中国断交，其舰队将攻取三门湾。

意大利的最后通牒成为西方各大报的头条新闻，而罗马外交部并不知情，还在竭力辟谣，弄清情况后，意大利政府尴尬万分，只好下令马蒂诺立即撤回最后通牒，并且回国述职。

新任公使萨瓦戈上任后，带了4艘军舰同行，到达上海后便不再北上，意在施加压力。此时，意大利内阁在国内政治危机中倒台，新上任的外交部部长一改前任的强硬立场，希望只要能让意大利体面下台阶，哪怕只租借到一个小小的加煤站，就可以息事宁人。但萨瓦戈却认为事到如今，只有与中国强硬到底。萨瓦戈带着舰队在上海干等了一个多月，中国方面对他冷处理。在罗马的严令下，他只好到北京任职，却痛苦地了解到中国政府已做了全面开战的准备，慈禧太后在宫廷会议上表示，一把黄土都不给意大利人。

1899年10月，重建后的北洋舰队接到中央命令，做好南下浙江沿海的准备，要对即将入侵的意大利舰队予以痛击。北洋舰队司令（统领）叶祖珪命令各舰做好相应的战斗准备。在天津小站的袁世凯也同时接到命令，率领他的新建陆军秘密向山东沿海集结，准备抗击意大利人可能的入侵；山东巡抚毓贤下令全境严防任何意大利人以任何名义进入。甲午战争之后，中国陆海军第一次动员起来，准备打一场国土保卫战。

对于中国的强硬态度，列强们纷纷与这一事件进行"切割"，意大利陷入孤立境地，其海军当局也表示，面对中国的军力，意大利没有能力开战。无奈之下，意大利外交部最后严令萨瓦戈放弃任何进一步的行动。

更令意大利人颜面尽失的是，在谈判中，萨瓦戈向中国方面强调意大利不仅是文明的摇篮，而且是现实欧洲政治的一支重要力量，是"欧洲协调"（Concept of Europe）的重要成员，但他们的翻译却成了"欧洲剧场"，《泰晤士报》驻京记者、澳大利亚人莫里循却将这一丑闻刊登到了报纸上，并嘲讽意大利人在整个三门湾事件中的表现果然是一场"闹剧"。

第二节　维护南海诸岛主权活动

晚清时期，随着西方列强在东亚、东南亚地区势力的逐渐增强，西方国家开始对该地区的海上战略通道——南海地区加强控制。为此，西方国家在中国南海地区进行了一系列调查和勘探相关海域和岛礁的活动。英国是进行这些活动最早的国家。英国人勘测范围十分广泛,遍及中沙、西沙、南沙和东沙群岛,勘测的次数近30次。1868年英国海军部测绘局在大量勘测的基础上出版了《中国海指南》一书,记述了许多南海岛礁的地理位置、物产和资源等情况,对南海诸岛许多岛礁的名称擅自命名。法国对我国西沙群岛心存野心。虽然中法战争后,中法两国对南海划分有条约规定,但是法国仍寻求在西沙群岛建立据点。1898年12月,法国殖民者法布里埃向法国政府殖民部提出,欲在我国西沙群岛上为中、越渔民建立供应站;1899年6月,法国印度支那殖民总督杜梅向殖民部提出,在西沙群岛上建立一座灯塔,以作为将来势力范围的标志。此外,德国、日本等国在南海也有侵略行动。

面对南海有被列强瓜分的严峻形势,20世纪初期,晚清政府对我国南海地区进行了一系列维护主权的活动。

一 1902—1909年东沙维权

东沙岛,一个面积只有1.8平方公里的弹丸之地,每年在此经营的中国渔船,不下数百艘。据广东香山县渔民梁盛向清政府出具的证词,渔民们一般每年要来此3次,主要是捕鱼,在岛上进行腌制,也捕玳瑁,在岛上去鳞晒干。渔民们在岛上建了一座海神庙,还安葬了数百位同胞,并为这些孤魂们建起了一座祠堂,名为"兄弟所"。在西方人的记载中,东沙岛名为"普拉塔斯"(Pratas Island),因为1866年有位名叫Pratas的英国人在此避风。在西方的海图中,东沙岛明确标注是广东之岛屿。

东沙还有富饶的鸟粪资源。千百年累计下来的鸟粪,已经形成了富含磷质的砂矿资源,是绝好的天然肥料,在欧美广受欢迎。东沙岛上的磷质矿砂居然厚达15—20英尺。1901年,日本商人西泽吉次因商船遇风暴偏离航道，漂到了这里，发现了岛上磷质矿砂。次年，他率船前来大量挖掘，运到台湾贩卖。日俄战争结束后，1907年夏，西泽带领120名工人登上东沙岛。他在东沙岛的南端，用废木料建了一个码头，并修建了一条贯通南北的小铁路，还通上了电话、水管，建立了淡水厂，盖起了日式办公室和宿舍。他将东沙岛命名为西泽岛，升起了日本国旗，竖起了日本的主权木牌。东沙岛上的海神庙、兄弟所等被尽行拆毁，而数百座中国人的坟墓均被掘开，西泽将骸骨尽行烧化，扔入大海。这一年冬天，日本军舰也前来助威，护送商船"二辰丸"号，满载日本移民和军火，计划在东沙长期据守。

对于日本侵占东沙岛，晚清中国迅速作出反应。两江总督端方在1907年9月底向外务部上报此事，并明确指出，凡闽粤人之老于航海者及深明舆地学者，都知道该岛为中国属地。同时，端方也将情报电告两广总督张人骏，强调此岛确是中国之地，不可置之不问。外务部立即致电张人骏，请他火速查清。张人骏请求外务部协调南洋舰队派舰前往调查。

1909年春节一过，南洋海军副将吴敬荣率"飞鹰舰"远航东沙，确认了东沙岛已被日本人强占，并拍摄了照片作为证据。张人骏随即将有关东沙岛的各种文献，包括英、法海军的相关海图，连同"飞鹰舰"拍回的照片，急送北京外务部。在公文中，张人骏指出，若不设法争回，则各国必援均沾之例，争思攘占，希望外务部迅速与日使交涉，下令将日本商民一律撤回，由中国派员收管。外务部随后指令，有关东沙岛的中日谈判，由两广总督张人骏负责，与日本驻广州领事接洽解决。

1909年3月17日，张人骏照会日本驻广州领事赖川浅之进，正式要求日本方面敦促日商从东沙岛上撤离。但日本领事说对此事毫不知情,必须电询日本外务省。3月21日,日本外务省指示赖川领事,日本从未对东沙岛主张过主权,现在也没有占领的意图,但东沙岛确是"无主荒地",中国方面如果主张主权,则应提供地方志书及该岛归中国官方管辖的证据。

张人骏辩驳说西泽将岛上中国人的海神庙等拆毁,就是在想方设法毁灭证据,但即使如此,遗迹依然清晰可辨,该岛属于广东境内,这是最为明确的证据,岂能变成无主荒境?但日本领事坚持索要志书等。虽然中国的志书"只详陆地之事,而海中各岛素多疏略",但在端方的协助下,张人骏还是找到了大量证据。如王之春的《国朝柔远记》、陈寿彭译的《中国江海险要图志》,以及中国和英国出版的一些地图。其中《中国江海险要图志》还明确记载,"中国至此围渔,已有年所",并绘有"广东杂澳十三:蒲拉他士岛(即东沙岛)"图。[①]

1909年3月29日,赖川领事再次会晤张人骏。在检视了张人骏收集的有关证据后,赖川表示,日本政府可以承认中国在东沙岛的主权,但希望中国对日本商人的投资进行补偿,否则日本政府只能坚持该岛是"无主荒地"的主张。张人骏则质问他,西泽给中国渔民造成巨大损失,那又该如何赔偿。

几轮交涉后,4月中旬,日本驻北京公使代表日本政府,正式照会大清外务部,对张人骏与赖川的交涉"甚以为然",但表示,西泽到该岛创始营业,全系善意,此事结局,即使判定属于中国领地,但该商从事的是和平慈善的事业,也应给予保护。赖川随后提

---

① 陈寿彭:《中国江海险要图志·图》卷一,经世文社1901年版,第21页。

出,西泽已为开发东沙岛花费高达51万日元,希望中国政府继续同意他在岛上开采磷质矿沙,期限30年。张人骏对此严加拒绝,要求必须将东沙岛归还中国,西泽已经建立的设备,可以经两国估价后由中国政府收购,但同时,西泽必须赔偿损毁岛上华人庙宇和驱逐华人渔民的损失,同时加倍补缴已经开采的岛产、海产的税收。

张人骏同时派遣"飞鹰舰"协同一艘海关巡逻艇,再度远航东沙取证,收集了渔民们被西泽欺凌的大量证词。5月22日,他电询外务部,提出在1882—1883年,各国公使曾经联名发文给海关总税务司赫德及总理衙门,请求在东沙岛设立灯塔,而海关的文件档案已被义和团烧毁,请外务部在外交档案中查找。外务部查找了两周,也无所得,却发现了早在1868年,海关总税务司就曾下文要求在沿海各险要处设立灯塔,其中,东沙岛灯塔必须在1874年完成。这一重要文件的中英文原稿,均被立即抄送张人骏。

东沙岛事件,也成为民意的焦点。全国上下,一年多前发起的抵制日货热潮刚刚平静下去,东沙岛事件,立即成为民意焦点。1909年3月,惠州代表周孔博到达省城广州,与广东自治会绅商联合起来,集议此事。3月22日,李兆书代表粤省绅商,上书摄政王载沣,要求中央立即照会日使,收回国土。3月31日,广东绅商集会公议,认为东沙岛关系国家海权与国计民生,应行力争,并决定采取三个步骤来解决东沙岛之事,一是迅速将此事布告中外,以争得公正舆论支持;二是禀文政府,要求政府切实保护我国渔业并该岛财产;三是力争到底,即使政府放弃,国民也要竭尽全力挽救之。随后,绅商学各界千余人,在府学宫内再次集会示威。同时有人提出,前福建同安县陈伦炯所著的《海国闻见录》曾记有东沙岛，与当下政府所查东沙岛之情形大同小异。两江境内的绅士，也上书端方，积极提供历史资料线索。

东沙岛事件同样也引起英国的关注。1908年9月18日，两广总督张人骏急电外务部，英国驻广州领事提出要在东沙岛上设立灯塔。领事提出，英政府此前曾建议在该岛建立灯塔，便利航运，但因为不能决断该岛应属何国，应由何人设灯遂作罢议。张人骏认为，英国领事的这份公函意在试探，因此他建议外务部立即向英国和日本两国声明中国对该岛的主权，同时请两江总督端方派员前往探明，设立标志，以杜外人觊觎。一周后，端方对此作出了更为明确的解读。他认为，英国人在得知该岛为日人占据后，见中国并未诘问，英国人采取旁敲侧击的办法，以拟设灯塔为辞，暗中提醒中国要详加布置应对，以维护该岛的主权。端方认为，该岛属于中国虽在中国的资料中无从查证，但在英国官方公布的海图中明确此岛属于中国，建议外务部照会英、日两国，声明主权。

由于中国强硬的立场和有力的证据，加上因日本方面强行改筑安奉铁路，中日两国在东北的关系开始紧张，东北和华北均掀起了抵制日货的新浪潮，日本人决定在东沙问题上妥协，以避免两线作战。日本人在东沙岛问题上逐渐退让，并最终在6月基本达成意向。此时，张人骏随即派遣洋务处道员魏瀚，与日本领事馆代表一起，于1909年7月17日前往东沙岛评估。结果发现，西泽的投资实际只值30万日元左右。

中日双方终于在1909年10月11日签订了东沙问题条约，明确东沙群岛为中国固有领土，日本人立即撤出；中国以广东毫银16万元收购岛上已建设施，同时，日本人补缴各项税款及损坏庙产等的赔偿合计广东毫银3万元。

1909年11月19日,在东沙岛举行了庄严的交接仪式。在全副武装的广海舰护卫下,鲜艳的黄龙旗终于在东沙岛上空升起。广海舰鸣放21响礼炮,向大清国旗致敬。

当月,英国人再度示好,驻华公使朱尔典(John Newell Jordan)亲赴外务部,建议中国在东沙岛上设立无线电台,与香港的天文台互通信息,以便准确预报这一海区的风浪。甚至说明,这一举措开支不大,不过4000两左右,却可以同时宣示该岛为中国领土。外务部立即批转邮传部研究办理。

二 1909年晚清海军巡视西沙

1909年4月,两广总督张人骏派遣副将吴敬荣率领"飞鹰舰"协同一艘海关巡逻艇,前往西沙群岛执行勘查任务。这次勘查,大致明晰了西沙群岛的主要构成和地理位置的重要性,"该岛共有十五处,内分西(东)七岛、东(西)八岛,其地居琼崖东南,适当欧洲来华之要冲。为南洋第一重门户,若任其荒而不治,非惟地利之弃,甚为可惜,亦非所以重领土而保海权。"[①]

1909年5月,张人骏派广东水师提督李准、广东补用道李哲浚、署赤溪副将吴敬荣等再次巡视西沙群岛,对群岛进行深入调查。

李准率领琛航、伏波两舰组成舰队迅速前往。这两艘军舰都是福建船政所自行建造的木壳军舰,不仅船龄老,马力小,而且在1884年的马尾海战中,均被法国舰队击沉,后来打捞修复。广东水师左翼分统林国祥建议说,这两条军舰实在太老,如今要巡行数百

---

① 陈天锡:《西沙岛东沙岛成案汇编·西沙岛成案汇编》,商务印书馆1928年版,第22页。

海里，一旦有大风大浪，太危险了，最好还是另调大舰。但李准认为时不我待，决意立即成行。李准与林国祥两人，亲自对这两艘军舰进行了严格检查和修理，林国祥甚至将每一节锚链都仔细敲打，如不够结实立即加固。数百担大米、各色罐头、汽水被搬运上船，细心的李准还准备了种羊、种猪和种鸡，以及各色稻粱麦豆的种子，以备在西沙各岛上放养种植。

一支多达170多人的考察队伍建立了起来，除了两艘军舰的官兵和李准的卫队之外，还有当地官员、商人、测绘员、化验员、工程师、医生、各种工人等。此时正值渔船休渔期，100多名小工均从三亚一带募集，一是解决就业，二是依靠渔民带路。舰队由林国祥统一指挥，林亲任琛航号管带（舰长），李准则乘坐由吴敬荣担任管带的伏波号。

1909年5月19日（农历四月初一），大清舰队正式出航。舰队在榆林港停留了几天，5月29日（农历四月十一）下午4点，再度起锚南下。这天晚上，林国祥和吴敬荣两位舰长都紧张得无法入睡，因为根据计算，本应能抵达最近的岛屿，但因为两艘老式军舰马力太小，被洋流带偏了航道，而进入了暗礁区，稍不留神就会出大问题。两艘军舰连桅杆上也放了瞭望哨，随时观测。直到次日中午11点20分，舰队才停靠上最近的岛屿。李准率人乘平底船登陆，当他登上近岸大石后，发现那石头居然会移动，原来是海里的大蛤。李准发现，此岛的椰树上及珊瑚石上，有不少19世纪80年代的德文刻画，显然，德国人曾经在此进行了考察。李准将此岛命名为伏波岛，指挥军人和工人，在珊瑚石上刻下了"大清光绪三十三年广东水师提督李准巡阅至此"的字样。后世研究者所引用的西沙考察时间，大多源自于此，但实际上，此时间是不准确的。根据张人骏与外务部的电报往来，李准不可能在1907年（光绪三十三年）来到西沙，应是记者记录有误。

李准在伏波岛上命令木匠们伐木建屋，在屋侧树了一根5丈高的白色桅杆，在桅杆上高悬黄龙旗。他们夜宿伏波岛，还打了一场"海龟围歼战"。月光下，无数大海龟上岸产蛋，被灯笼一照，群龟均缩头停步，水手们就上去用木棍使劲把海龟翻个底朝天，抓了20多只，每一只足有四五百斤重，仅裙边就厚达2寸，宰杀后每只能得龟肉二三十斤。李准吩咐带8只活海龟回去，结果不得不用起重机才能吊上军舰。8只海龟占据了官舱前面的空地，水兵和工人们只好坐在龟身上吃饭、打牌。

次日，李准下令将所带的种羊等留在岛上几对，随后便离开了伏波岛，相继登陆其他13个岛，对其逐一命名，勒石树碑，升起国旗。此次巡航，李准共考察命名了14个岛屿，除伏波、琛航两岛以军舰名命名，珊瑚、甘泉两岛以地理特征命名之外，其余10个岛屿使用随行官员们的籍贯地命名，计有邻水（四川）、休宁（安徽）、新会（广东）、宁波（浙江）、霍邱（安徽）、归安（浙江）、乌程（浙江）、华阳（四川）、番禺（广东）、阳湖（江苏）、丰润（直隶）。这些官职并不显赫、多为候补的官员们，因缘际会地在大好河山中为自己的家乡留下了大名。在这次巡视中，随船的测绘委员和海军测绘学堂学生绘制了西沙群岛总图和西沙各岛的分图。

李准返航后，张人骏欣喜若狂，立即将随行测绘员所画的海图，飞章呈交陆军部和军机处，而李准所收集的各种珍奇，开始巡回展览。6月14日，张人骏再度致电军机处、外务部，请两衙门代为上奏摄政王，请求调派更为大型的新式军舰前来广东听令，再往西沙巡视3个月。

清政府在1909年四五月内，两次派水师巡视西沙群岛，宣示主权，此举在国际社会上引起了强烈反响，国际社会开始普遍承认西沙群岛为中国海洋国土，各国航海之书，都称其为中国海洋国土，普遍认为帕拉赛尔群岛（西沙群岛）是分散在海南岛南部中国海上的群岛。

收回东沙、宣示西沙后，大清政府相继成立了"筹办西沙岛事务处"和"管理东沙岛委员"，对南海岛屿开展了有针对性的开发。但国人对这些岛屿的资源并不具备开采能力，加上自然环境恶劣，不少商人们都大打退堂鼓，开发相当不顺。如东沙岛的开发，最后不得不由商办收归国营，由财政拨款维持，而主事者也不得不前往日本，向被逐出东沙岛的西泽吉次讨教开发方略。

三　东沙、西沙维权意义

晚清政府在国力衰败的情况下，通过大量的实地勘察以及合理地运用国际法，在维护海疆主权实践中取得了一定意义上的成功。晚清海军在对东沙、西沙群岛勘测和调查的过程中，不仅对东沙、西沙岛礁分布状况、岛礁上的情况及附近海域资源有了大致了解，更为重要的是对东沙、西沙群岛重要的地理位置有了更深一层地认识，并提出了宝贵的海防建设思想。1909年李准巡视西沙群岛，为15座岛屿命名并测成海图。晚清中国在南海地区的维权活动不仅真正实现了从魏源以来的中国思想家们强调开发利用南洋的思想，而且也是晚清海权意识高涨的重要体现。晚清在南海地区的维权活动，不仅是我国拥有南海主权的历史证据，同样为我国当代南海战略奠定了基础。

第七章 晚清中国维护海权的实践

晚清时期在南海维权实践中也有深刻的教训需要汲取。我国长期以来受"重陆轻海"观念的影响,古籍记载我国南海诸岛情形并不详尽。张人骏深切体会到了其中的痛楚:"中国志书,只详陆地之事,而海中各岛,素多疏略","我国舆地学详于陆而略于海,偏于考据,方向远近,向少实在测量,记载多涉疏漏。沿海岛屿,往往只有土名,而未详记图志。欲指天度为言,旧书无考。所恃者,仍是英国海图。"[①]清代在康熙、乾隆时期曾经相当先进的测绘技术,清代中期以后,官方再也没有组织人力进行实地测量。新图的制作以康乾舆图为蓝本或增或删,地图多用计里画方法绘制,间有以山水画形式绘制的,技术水平陷于停滞状态,南海地区尤其缺乏实测资料。外国在这一时期则比较精确地测制了南海地图,编辑了相关图集和航海指南,其中以各种外国语命名的地名,又在翻译之后深刻地影响了我国地图上对于南海地名的标识。当中国主权受到侵犯时,由于官方对南海诸岛所知甚少,在与列强交涉过程中,不得不以外文图和外语译名为依据,局面十分被动。

另外,晚清对南海地区的维权活动缺乏更为先进发达的海军舰队支撑,无法监视其他国家对南海岛屿的占据、开发。东沙岛被日本人占据并开发,清廷几年后才发现。中国海军的发展滞后和南沙海域的少有存在,诱发了周边国家不断非法占据南沙岛礁。要使南沙海域属于中国的海洋权利归属中国,中国就必须拥有强大的海上力量。

---

① 王彦成、王亮:《清季外交史料》第 2 册,书目文献出版社 1987 年版,第 47—48 页。

第三节　维护海外侨民权益活动

　　1910年英王爱德华七世逝世，其次子乔治五世继承王位。1911年，清廷决定派巡洋舰队统领程璧光率海圻舰前往祝贺，并参加英国国王加冕阅舰仪式。作为甲午以后清政府重建海军计划中的一艘大型军舰，海圻号1896年由英国阿姆斯特朗船厂建造，全舰总计官兵450人左右。

　　海圻舰出访英国是中国海军历史上的首次全球航行活动。出航期间，全舰的官、生、兵每月的薪金都比在国内时多一倍，并仿照英国海军军服样式定做了军服，留下了中国近代海军服装的最早记忆，也显示了清政府对这次外交活动的重视。在海圻舰驶离国门前夕，程璧光下令剪掉了所有军官和海校实习学员的辫子。他认为既然服饰仿从英制，留着一条发辫反倒显得不中不西不伦不类了。此举在全舰引起强烈反响，水兵纷纷请命准允他们剪辫子。海圻舰的"洋化"还体现在其拥有一只波斯猫作为吉祥物。

　　海圻舰航行途中，每抵一港，中国海军都依照国际礼仪升旗鸣放礼炮。在随后对英国本土的访问和参加英王加冕仪式的过程中，海圻号也赢得了英国好评。

　　离开英国后，中国海军前往美国，1911年9月11日，海圻号抵达纽约。中国军舰不仅完成了对大西洋的首次跨越，也是中国军舰首次出访美国本土。海圻号军舰受到了美国海军和民众的热烈欢迎，立即成了美国媒体的宠儿。从正式的官方仪式到官兵的娱乐活动，从黄龙军旗的详细解说到舰上伙食为什么没有大米，从军官们的流利英语到与美国海军十分相似的制服，美国各大报均以友好的

第七章　晚清中国维护海权的实践

基调进行了不厌其详的报道。

美国国务卿、海军部长代表美国政府主持了欢迎仪式，会见了程璧光和海圻号舰长汤廷光，随后还为海圻舰官兵举行了盛大的招待酒会。而正在波士顿休假的美国总统塔夫脱，也接见了程璧光与汤廷光。

美国已故总统格兰特是李鸿章的好朋友，李鸿章1896年访问美国时，曾亲自前往其墓悼念，此后，拜谒格兰特墓就成了大清国官员访问美国的统一行程之一。格兰特总统的儿子小格兰特正是驻扎纽约的美国陆军最高司令官，他接见了程璧光等，并派夫人陪同海圻号官兵向格兰特墓敬献花圈。拜谒墓园这天，海圻号官兵伴随着嘹亮的军乐，全副武装列队行进在纽约大街上，这是中国军人第一次在美国国土上的武装行进。

每天中午到下午5点，是海圻号开放参观的时间，舰上除了军官生活区，全面开放。纽约市民争相登上这艘威武的中国战舰，报刊报道人潮如涌，但中国官兵们十分有礼貌，尽力为每人都提供一杯中国茶及最好的讲解。

旅美华人华侨更是兴奋异常，各侨团举行了各种联欢会、招待会，海圻号的到来显然令华人华侨大长威风。

此时正逢墨西哥、古巴等国发生排华运动，墨西哥更出现了托雷翁大屠杀。1910年，墨西哥爆发革命，华侨成为动乱的牺牲品，共有300多人遇害，财产损失高达百万元，居各国居墨侨民之首。大清国驻墨西哥代办沈艾孙，向墨西哥政府提起交涉，要求惩办凶手，抚恤死难者家属，设法保护华侨，并给予3000万墨西哥银元的经济赔偿。

墨西哥排华事件发生后，北京电令海圻号，在访美结束后，出

225

访墨西哥和古巴，宣示军威，保护侨胞。美国也建议应当利用这一机会，对墨西哥政府进行武力威慑。制造于英国的海圻号，是一艘重巡洋舰，火力配备相当强大，在当时世界海军中也算一流战舰，这对国力衰弱的墨西哥，当然是有震慑作用的。

海圻号随后访问了古巴，在哈瓦那停留了10天，受到了古巴总统的接见，古巴总统表示古巴将绝不会歧视华人。古巴的华人华侨也如同美国华人华侨一样，举行了各种联欢活动。

此时，在中国政府的压力下，墨西哥政府基本接受了惩凶、抚恤和赔偿，双方开始谈判赔偿数额，国内电令海圻号，不必再访问墨西哥了。

海圻号在美洲大陆掀起了一轮新的中国热，而在其回国航程中，辛亥革命爆发，程璧光决心响应共和，将黄龙旗降下，升起了民国的五色旗帜。

参考文献

一 资料

《史记》，中华书局 1959 年版。

《汉书》，中华书局 1962 年版。

《元史》，中华书局 1976 年版。

《明史》，中华书局 1974 年版。

《资治通鉴》，中华书局 1956 年版。

《清圣祖实录》，中华书局 1985 年版。

《清德宗实录》，中华书局 1987 年版。

《大清律例》，光绪二十九年刻本。

《雍正会典》，台湾文海出版社影印本，1994 年。

咸丰朝《筹办夷务始末》，上海古籍出版社 2008 年版。

同治朝《筹办夷务始末》，上海古籍出版社 2008 年版。

王彦成、王亮：《清季外交史料》，书目文献出版社 1987 年版。

《清文献通考》，商务印书馆 1936 年版。

台北中央研究院史语所：《清代内阁大库原藏明清档案》。

第一历史档案馆：《乾隆朝朱批奏折》外交类。

台北中央研究院近代史研究所：《海防档》，1957 年。

卢坤、邓廷桢：《广东海防汇览》，道光十八年刻本。

严从简：《殊域周咨录》，中华书局 1993 年版。

梁廷枏：《粤海关志》，广东人民出版社 2014 年版。

严如煜：《洋防辑要》，道光戊戌来鹿堂藏版。

魏源：《圣武记》，中华书局 1984 年版。

魏源：《海国图志》，岳麓书社 1998 年版。

张佩纶：《涧于集》，《中法战争》第 4 册，上海人民出版社 1961 年版。

马建忠：《适可斋记言记行》，光绪二十二年刻本。

薛福成：《筹洋刍议》，辽宁人民出版社 1994 年版。

葛士浚编：《皇朝经世文续编》，文海出版社 1996 年版。

姚锡光：《长江炮台刍议》，光绪二十六年皖城官舍刻本。

姚锡光：《吏皖存牍》，光绪三十一年刻本。

姚锡光：《筹海军刍议》，光绪三十四年刊于京师寓斋。

《林则徐集》，中华书局 1965 年版。

《林则徐书简》，福建人民出版社 1985 年版。

《林则徐书札手迹选》，紫禁城出版社 1985 年版。

《魏源集》，中华书局 1983 年版。

《李鸿章全集》，时代文艺出版社 1998 年版。

《刘壮肃公奏议》，台北文海出版社 1968 年版。

《曾文正公全集》，中国书店 2011 年版。

《左宗棠全集》，岳麓书社 2009 年版。

《张之洞全集》，河北人民出版社 1998 年版。

夏东元：《郑观应集》，上海人民出版社 1988 年版。

中国史学会：《鸦片战争》，上海书店 2000 年版。
中国史学会：《洋务运动》，上海人民出版社 1961 年版。
《海疆史志》，全国图书馆缩微复制中心 2005 年版。
《北洋海军资料汇编》，中华全国图书馆文献缩微复制中心 1994 年版。
张侠：《清末海军史料》，海洋出版社 1982 年版。
陈寿彭：《中国江海险要图志》，经世文社 1901 年版。
陈天锡编：《西沙岛东沙岛成案汇编·西沙岛成案汇编》，商务印书馆 1928 年版。

二 著作

陈碧笙：《南洋华侨史》，江西人民出版社 1988 年版。
台北中央研究院近代史研究所：《近代中国初期历史研讨会论文集》，1988 年。
张星烺：《欧化东渐史》，商务印书馆 2000 年版。
蒋梦麟：《西潮·新潮》，岳麓书社 2000 年版。
海军司令部：《近代中国海军》，海潮出版社 1994 年版。
周建波：《洋务运动与中国早期现代化思想》，山东人民出版社 2001 年版。
姜鸣：《龙旗飘扬的舰队——中国近代海军兴衰史》，三联书店 2002 年版。
海军司令部：《近代中国海军》，海潮出版社 1994 年版。
戚其章：《晚清海军兴衰史》，人民出版社 1998 年版。
戚其章、王如绘：《甲午战争与近代中国和世界》，人民出版社 1995 年版。

陈群：《中国兵制简史》，军事科学出版社1989年版。

罗尔纲：《晚清兵志》，中华书局1999年版。

王日根：《光绪皇帝 VS 日本天皇》，三联书店（香港）有限公司2005年版。

王家俭：《李鸿章与北洋舰队——近代中国创建海军的失败与教训》，台北国立编译馆2000年版。

包遵彭：《中国海军史》，台北中华丛书编审委员会1970年版。

刘中民：《中国近代海防思想史论》，中国海洋大学出版社2006年版。

杨金森、范中义：《中国海防史》，海洋出版社2005年版。

马大正：《中国边疆经略史》，中州古籍出版2000年版。

张炜、方堃：《中国海疆通史》，中州古籍出版社2003年版。

张铁牛：《中国古代海军史》，八一出版社1985年版。

张炜、许华：《海权与兴衰》，海洋出版社1991年版。

章士平：《中国海权》，人民日报出版社1998年版。

秦天、霍小勇：《中华海权史论》，国防大学出版社2000年版。

张晞海：《中国海权报告（古代、近代部分）》，海潮出版社2000年版。

海军军事学术研究所：《中国海防思想史》，海潮出版社1995年版。

王宏斌：《清代前期海防：思想与制度》，社会科学文献出版社2002年版。

陆儒德：《中国走向海洋》，海潮出版社1998年版。

钮先钟：《西方战略思想史》，广西师范大学出版社2003年版。

孟森：《清史讲义》，广西师范大学出版社2005年版。

［德］黑格尔，王造时译：《历史哲学》，上海书店2001年版。

［日］德富苏峰：《公爵山县有朋传》，日本书屋，昭和 44 年。

［美］布鲁斯·斯旺森：《龙之第八次航海：中国追求海权史》，美国海军协会 1982 年版。

［美］马士著，张汇文译：《中华帝国对外关系史》，上海书店 2000 年版。

［英］赫德逊著，李申等译：《欧洲与中国》，中华书局 2004 年版。

Rawlinson, John L. China's Struggle for Naval Development 1839 – 1895. Cambridge：Harvard University Press，1967.

三 论文

韩红月：《孙中山首倡中国海权》，《航海》1997 年第 2 期。

韩晓娟：《晚清政府海权意识演变的制约因素探析及其启示》，《忻州师范学院学报》2006 年第 6 期。

何燿光：《对清末建构现代化海军舰队尝试的理解——谈阿思本舰队事件的认知》，《海军学术月刊》2003 年 7 月第 37 卷第 7 期。

黄国盛：《清代前期开海设关的历史地位与经验教训》，《东南学术》1999 年第 6 期。

黄顺力：《千古奇变：晚清海防教育与国民海权意识的觉醒》，《中国国情国力》2004 年第 4 期。

贾珺：《美国海军崛起的助推剂——评马汉的海权论》，《辽宁师范大学学报》2001 年第 3 期。

孔利：《马汉与现代海军的发展》，《国防》1995 年第 4 期。

李斌：《李鸿章与晚清海权》，《历史教学问题》1994 年第 6 期。

刘新华：《略论晚清的海防塞防之争——以地缘政治的角度来考察》，《福建论坛》2003 年第 5 期。

刘永涛：《马汉及其"海权"理论》，《复旦学报》1996 年第 4 期。

卢建一：《从东南水师看明清时期海权意识的发展》，《福建师范大学学报》2003 年第 1 期。

皮明勇：《海权论与清末海军建设理论》，《近代史研究》1994 年第 2 期。

戚其章：《魏源的海防论和朴素海权思想》，《求索》1996 年第 2 期。

戚其章：《从制海权看甲午海战的结局》，《东岳论坛》1996 年第 4 期。

戚其章：《晚清海防思想的发展及其历史地位》，《东岳论丛》1998 年第 5 期。

戚其章：《甲午中日海上角逐与制海权问题》，《江海学刊》2002 年第 4 期。

史春林：《清末海权意识的初步觉醒》，《航海》1998 年第 1 期。

史滇生：《中国近代海防思想论纲》，《军事历史研究》1996 年第 2 期。

舒习龙：《姚锡光述论》，《史林》2006 年第 5 期。

舒习龙：《姚锡光生平及其成就初探》，《长江论坛》2007 年第 1 期。

苏读史：《论我国海防思想的演变与发展》，《中国军事科学》1993 年第 3 期。

孙占元：《近代海防观的萌发与海防议》，《浙江学刊》1995 年第 5 期。

尤子平：《海权纲鉴——〈辛丑条约〉百年祭》，《现代舰船》2001 年第 12 期。

王家俭：《魏默深的海权思想》，《清史研究论述》，台北出版社1994年版。

王荣国：《严复海权思想初探》，《厦门大学学报》2004年第3期。

王秀英：《近代中国海权意识的觉醒》，《辽宁商务职业学院学报》1999年第3期。

王寅宝：《论中国古代海军和海防思想》，《海军军事学术》1996年第3期。

许华：《海权与近代中国的历史命运》，《福建论坛》1998年第5期。

许华：《海权与近代中国海军的命运》，《当代海军》1998年第6期。

雪珥：《晚清海军扬威世界的五个瞬间》，《中国经营报》2009年5月18日。

张登德：《试论陈炽的海防思想》，《舰船知识》网络版 http：//jczs.news.sina.com.cn 2004年9月17日。

张墨：《试论中国古代海军的产生和最早的水战》，《史学月刊》1981年第4期。

张仁善：《近代中国的海权与主权》，《文史杂志》1990年第4期。

张晓林：《马汉与〈海上力量对历史的影响〉》，《军事历史研究》1995年第3期。

张一文：《清末海防思想的演进》，《军事历史研究》1996年第4期。

章佳：《评马汉的海权说》，《国际关系学院学报》2000年第4期。

周益锋：《"海权论"东渐及其影响》，《史学月刊》2006年第4期。